Maren Lorenz

Vandalismus als Alltagsphänomen

Hamburger Edition

Hamburger Edition HIS Verlagsges. mbH
Mittelweg 36
20148 Hamburg
www.Hamburger-Edition.de

Umschlaggestaltung: Wilfried Gandras
Typographie und Herstellung: Jan und Elke Enns
Satz aus der Garamond-Stempel der Fa. Berthold
von Dörlemann Satz, Lemförde
Druck und Bindung: CPI – Clausen & Bosse, Leck
Printed in Germany
ISBN 978-3-86854-204-2

1. Auflage Februar 2009

Inhalt

Einleitung

Die Spuren des Vandalismus im Alltag sind allgegenwärtig, und die meisten Menschen fühlen sich durch den Anblick zerstörter oder beschädigter Gegenstände unangenehm berührt, nicht wenige auch verunsichert oder gar bedroht. Oft hört man auch, »früher« habe es »so etwas« nicht gegeben. Doch hat sich die historische Forschung in Deutschland bislang kaum für die Frage interessiert, ob denn »früher« wirklich niemand gewagt hat, öffentliche oder private Besitztümer zu attackieren. Anonyme Sachbeschädigung als omnipräsentes Ereignis wirkt zunächst zu unpolitisch, zu marginal, um für historische Fragestellungen interessant zu sein. Beschrieben wurde darum meist nur das Phänomen des Ikonoklasmus, die gezielte Vernichtung von Kunst und Kulturgütern aus ideologischen, religiösen oder politischen Gründen, wie sie vor allem, aber nicht nur, in Kriegs- und Revolutionszeiten endemisch ist. Individuelle und kollektive Akte der Zerstörung, wie etwa während der Unruhen im Herbst 2005 in den französischen Banlieues, gerieten in den letzten Jahren in den Fokus. Solche Handlungen werden in der sozialwissenschaftlichen Forschung nicht als Vandalismus, sondern mehrheitlich als politischer Protest verstanden, weil durch sie die öffentliche Aufmerksamkeit auf konkrete Missstände gelenkt oder die »öffentliche Sicherheit« bedroht werden soll.

Stets war auch die Frage der Abgrenzung zwischen politischem Protest als zielgerichteter Handlung und

Vandalismus, dem landläufig unterstellt wird, zu zerstören um der Zerstörung willen, virulent. Selbst in antiken Berichten über Vandalismus werden solche Handlungen als sinnlose Akte geschildert. Die Verstümmelung der Hermesstatuen, die im Athen des Jahres 415 v. Chr. in fast allen Hauseingängen standen und denen sämtlich in einer Nacht die Gesichter abgeschlagen wurden, schrieb man zwar aus politischen Motiven dem Alkibiades und seinen Freunden zu, konnte dies aber nicht nachweisen. Thukydides spricht allerdings in seiner Geschichte des Peleponnesischen Krieges anschließend und darum wohl nicht beiläufig von früheren »Verstümmelungen anderer Götterbilder, von ausgelassenen jungen Männern im Rausch begangen«,[1] was darauf hinweist, dass auch schon im antiken Griechenland unpolitische Gründe für Vandalismus erwogen wurden. Auch die Brandstiftung durch Herostrat (356 v. Chr.) im Artemistempel von Ephesos, einem der sieben Weltwunder, geschah der Überlieferung nach nicht ohne nachvollziehbares Motiv; das bewusst ausgewählte Ziel sollte den Namen des Täters unsterblich machen. Ein Plan, der zweifelsohne aufging.

Das allgegenwärtige Grafitti- oder *Tag*-Sprayen bzw. *Etching* und *Scratching* kann unterschiedliche Ziele verfolgen: Es kann ideologisch motiviert sein, wenn beispielsweise Besitz zerstört wird, der mit bestimmten politischen Ausrichtungen assoziiert wird, oder eher ›künstlerisch‹, um sich als Persönlichkeit der Erinnerung des unfreiwilligen Publikums einzuschreiben.[2] Aber Grafitti oder das Einritzen von Zeichen in Bäume oder Mauern kann auch auf rein situative Handlungen – begangen aus ›Spaß‹ oder Langeweile – zurückgeführt werden. Und selbst diese scheinbar moderne Form der schädigenden Einwirkung auf bauliche Oberflächen ist nicht neu, wie sich bereits seit römischer und auch mittelalterlicher Zeit an den ›Verewigungen‹ von Soldaten und Pilgern auf diversen Kulturdenkmälern, zum Beispiel an ägyptischen Monumenten, ablesen lässt.[3] Diese ältere Form des »Vandalismus« ist – soweit noch erhalten – inzwischen sogar selbst zum Teil unseres Kulturerbes avanciert und wird bei Sanierungen behutsam freigelegt und konserviert sowie als kulturwissenschaftliche Quelle ausgewertet.[4]

Diese Perspektivverschiebung macht deutlich, dass sich die Definition der mutwilligen Sachbeschädigung, die in unserem Alltag eindeutig erscheint, im Laufe der Zeit ändern kann. Aus diesem Grund müssen auch die sich wandelnden Vorstellungen der Kriminalisierung, zum Beispiel die Frage, ob eine Ordnungswidrigkeit oder eine Straftat vorliegt, oder welche Gewaltdefinition zugrunde gelegt wurde,[5] in die Untersuchung einbezogen werden.

Wenn die CDU in ihrem am 11. Juli 2005 publizierten Regierungsprogramm unter Punkt 5.2. ankündigt: »Alle Menschen in Deutschland sollen vor Terror, Kriminalität und Vandalismus geschützt sein. Der Schutz von Leib, Leben und Eigentum der Bürger ist die ureigenste Aufgabe des Staates«, dann stellt sich die Frage nach dem Zweck einer damit unterstellten Äquivalenz von Terrorismus und anonymer Sachbeschädigung. Nicht nur auf der politischen Ebene manifestieren sich so unterschiedliche Projektionen, aber auch Ziele öffentlicher Reflexion über Sachbeschädigung. Auch hinter juristischen und anderen fachwissenschaftlichen

Diskursen verbirgt sich die Frage nach dem politischen und/oder sozialen Charakter solch anonymer Schädigungen. Vandalismus eignet sich besonders für normative Konstruktionen, weil die Tat in der Regel heimlich begangen wird, die Täter unbekannt bleiben und daher selten zur Verantwortung gezogen werden können.

Im Folgenden soll ein erster Überblick über den Wandel von Deutungen und Erklärungen zum Phänomen der anonymen Beschädigungen in Deutschland vom 17. Jahrhundert bis zur Wiedervereinigung gegeben werden. Vandalismus wird in diesem Sinne als bewusste, Normen verletzende Beschädigung oder Zerstörung fremden Eigentums definiert, die – von außen betrachtet – zunächst ohne tieferes Motiv geschieht. Im Vordergrund stehen dabei die unterschiedlichen gesellschaftlichen Überlegungen, die sich im intellektuellen bzw. öffentlichen Diskurs spiegeln. Betrachtet werden hier zum einen die Zuschreibung von Verantwortung (Täterschaft), zum anderen die Ursachenanalyse und zum dritten die propagierten bzw. diskutierten Präventions- und Strafmaßnahmen. Der Blick durch das Brennglas des Vandalismus zeigt anhand eines scheinbar marginalen Phänomens einmal mehr, wie stark wissenschaftliche Erkenntnisse von normativen Setzungen geprägt sind und vor allem wie sehr sie von politischen Rahmenbedingungen abhängen.

Was sagt also der gesellschaftliche Umgang mit einem Phänomen wie mutwilliger Sachbeschädigung über die Gesellschaft selbst aus? Inwieweit lassen sich Gesellschaften anhand ihrer Reaktionen auf bestimmte, von der Mehrheit als deviant definierte Verhaltensweisen charakterisieren? Gerade der in der Regel anonym begangene Akt der (öffentlichen) Sachbeschädigung bietet reichlich Raum für Spekulation und Interpretation und somit Gelegenheiten für Schuldzuschreibungen aller Art. Diese sagen unter Umständen mehr über Ängste, wahrgenommene Krisensymptome und gesellschaftliche Probleme aus als über die Realität der (unterstellten) Sachverhalte bzw. Tätergruppen.

Was hat es zum Beispiel zu bedeuten, wenn der Bürgermeister von Las Vegas Grafitti-Sprayern gern den Daumen abhacken ließe und in Großbritannien in einem vom damaligen Premierminister Tony Blair in Auftrag gegebenen »Home Office Report« empfohlen wird, Kinder ab drei Jahren im Kindergarten zu überwachen?[6] Mit solch drakonischen Maßnahmen sollte eine »culture of disrespect« bzw. gar Kriminalisierung, die sich bei Kindern zuerst im Umgang mit Sachen zeige, im Keim erstickt werden.

In Deutschland hingegen ist das Thema in letzter Zeit im Vergleich zu terroristischer Gewalt bzw. physischen Gewaltakten gegen Menschen wie Amokläufen oder ›Ehrenmorden‹ in den Hintergrund getreten. Inzwischen scheint in den westlichen Gesellschaften weitgehend Einigkeit darüber zu herrschen, dass es sich primär um Taten männlicher Jugendlicher in einer »Entwicklungsphase« handelt, wobei der finanzielle Schaden allein in Deutschland jährlich allerdings rund eine Milliarde Euro betragen soll.[7]

Nomen atque Omen

Das Phänomen der Normen verletzenden Beschädigung oder Zerstörung fremden Eigentums unterliegt in der historischen Betrachtung einem Zuschreibungswandel und wird entsprechend unterschiedlich bezeichnet. Jede Benennung beinhaltet eine Reihe impliziter Vorannahmen über die verborgenen Handlungsmotive der unbekannt bleibenden Täter. Dementsprechend ist auch die Bedeutungsgeschichte des heute allgemein verwendeten Vandalismus-Begriffs eine wechselvolle. Sie wurde inzwischen mehrfach, allerdings ausschließlich aus der Perspektive eines »Kulturvandalismus« am gesellschaftlichen Eigentum, beschrieben – eine tradierte Sichtweise, die zwischen Elitenkultur und weniger wertvollen Gebrauchsgegenständen unterscheidet und sich bis in die Gesetze niederschlägt. So heißt es nach wie vor in § 304 StGB: »Gemeinschädliche Sachbeschädigung: (1) Wer rechtswidrig Gegenstände der Verehrung einer im Staat bestehenden Religionsgesellschaft oder Sachen, die dem Gottesdienst gewidmet sind, oder Grabmäler, öffentliche Denkmäler, Naturdenkmäler, Gegenstände der Kunst, der Wissenschaft oder des Gewerbes, welche in öffentlichen Sammlungen aufbewahrt werden oder öffentlich aufgestellt sind, oder Gegenstände, welche zum öffentlichen Nutzen oder zur Verschönerung öffentlicher Wege, Plätze oder Anlagen dienen, beschädigt oder zerstört, wird mit Freiheitsstrafe bis zu drei Jahren oder mit Geldstrafe bestraft.« Auch das »nicht unerhebliche« Verändern solcher Gegenstände oder der Versuch desselben ist bereits strafbar. Es gibt gesonderte Paragraphen, die das

Beschädigen von Notrufeinrichtungen (§ 145) oder von wichtigen Kommunikations- und Versorgungsanlagen (§§ 316–318) sogar als »gemeingefährlich« einstufen.

Vandalismus gilt in der geisteswissenschaftlichen Auseinandersetzung nur als ›echter‹, wenn er sich gegen Kunst und Architektur richtet. Andere Formen der mutwilligen Sachbeschädigung werden meist pubertierenden Jugendlichen zugeschrieben und als biologische Entität, als motivlose »Streiche«, »Übermut« bzw. »Spaß am Zerstören« gewertet.[8] »Die unnötige und unverantwortliche Zerstörung beginnt«, nach Ansicht des Kulturwissenschaftlers Alexander Demandt, »wo die überschüssige Kraft der männlichen Jugend ›Disteln köpft‹.«[9]

Insbesondere die Frühneuzeitforschung hat sich seit Jahren intensiv mit der Geschichte des Kulturvandalismus, nämlich des Bildersturms (Ikonoklasmus), aber auch des Büchersturms (Biblioklasmus) aus politischen Motiven – und dazu gehören von jeher auch religiöse Beweggründe – auseinandergesetzt. Inspiriert wurden sie durch die Sozial- und Verhaltenswissenschaften und die Erforschung sozialer Bewegungen. Diese definieren Vandalismus nämlich meist als bewusstes politisches Protestverhalten, das sich gegen Symbole einer verhassten Ordnung bzw. Herrschaft richtet. So wird beispielsweise das Zerstören von Straßenlaternen im 18. und 19. Jahrhundert als gezielter Akt gegen obrigkeitliche Kontrolle gedeutet.[10] Oder die Beschädigung und Zerstörung fremden Eigentums wird psychologisierend als unbewusstes Ausagieren sozialer Frustrationen interpretiert.[11]

Während das Phänomen der anonymen Sachbeschädigung durchaus schon vor der Zeit der großen politischen Unruhen bekannt war und regelmäßig von Seiten kommunaler und territorialer Regierungen beklagt wurde, war die Verwendung des heute gängigen Terminus Vandalismus weder sprachübergreifend üblich, noch hat das Wort eine besonders lange Tradition. Bekannt ist mittlerweile, dass sich die anklagende Verwendung des Begriffs durch Henri-Baptiste Grégoire, den Bischof von Blois, in seinen drei »Rapports sur le vandalisme«, die er vor der französischen Nationalversammlung im Jahre 1794 gehalten hat, rasch in ganz Europa verbreitete. Mit dieser Wortneuschöpfung prangerte er das sinnlose Morden und die Zerstörung von Kunstwerken durch radikale Jakobiner an. Er leitete den Begriff vom germanischen Volksstamm der Vandalen ab, die jedoch von deutschen Humanisten durchaus positiv rezipiert wurden, was im Deutschen Kaiserreich zu national motiviertem Widerspruch führte.[12] Um die »Selbstbeschimpfung« durch die Verwendung des Wortes zu beenden, wurde für den Begriff der »Zerstörungswut« plädiert, alternativ für »Barbarei« – und »falls es nicht ohne -ismus geht, [solle man] lieber von ›Gallizismus‹ oder ›Romanismus‹« sprechen, da das Übel selbst schließlich von Frankreich ausgegangen sei.[13]

Unabhängig von der umstrittenen Ableitung variierte jedoch die Spannbreite dessen, was mit Vandalismus überhaupt bezeichnet wurde. Der den Begriff prägende französische Kirchenmann hatte den gesamten Terror, insbesondere die täglichen Massenhinrichtungen der Jakobiner im Zuge der Französischen Revolution, mit »Vandalisme« umschrieben. Daneben betonte er, wenn auch nicht als Erster, so doch an prominenter Stelle, die Zerstörung historischer Kulturgüter als unzivilisierte Akte. Eine Übersetzung der ersten Rede des Bischofs von Blois durch den Journalisten Ludwig Ferdinand Huber in seiner Zeitschrift *Friedens-Präliminarien* ließ diesen Begriff schnell auch in aufgeklärte deutsche Kreise Einzug halten: »Böttiger höre ich, wollte über den Vandalism der Franzosen [...] einen Aufsatz schreiben. Ich wünschte er thäte es und sammelte alle dahin einschlagende Züge von Rohheit und Leichtsinnigkeit.«[14] Auch Karl Marx verglich die anonymen, weil im Schutz der Menge begangenen Taten des Pariser Barrikadenkampfs der *Commune* mit den Militäraktionen der Vandalen in Rom und rechtfertigte diese: »Wenn die Taten der Pariser Arbeiter Vandalismus waren, so waren sie der Vandalismus der verzweifelnden Verteidigung, nicht der Vandalismus des Triumphs, wie der, dessen die Christen sich schuldig machten an den wirklich unschätzbaren Kunstwerken des heidnischen Altertums; und selbst dieser Vandalismus ist vom Geschichtsschreiber gerechtfertigt worden als ein unumgängliches und verhältnismäßig unbedeutendes Moment in dem Riesenkampf zwischen einer neuen, emporkommenden und einer alten, zusammenbrechenden Gesellschaft.«[15]

Lexikalisch findet sich der Terminus in Deutschland zuerst 1850 in Johann Georg Krünitz' »Oekonomischer Encyklopädie«: »Vandalismus, rohe Zerstörungswuth von Kunstwerken, weil die Vandalen, ein nordisches Volk, welches sehr roh war und verheerende Kriege führte, unter seinem Anführer, dem Geiserich oder Genserich, die Bilder zerstörte und Bauwerke vernichtete.«[16] Der Artikel fährt unter Berufung auf verschiedene Zeitzeugen fort: »Auch in der Französischen Revolution und der darauf erfolgten Republik in dem letzten Decennium des verwichenen Jahrhunderts wurden die Anhänger eines Marat, Robespierre, Collot d'Herbois und Andere Vandalen genannt, weil sie sich eben so roh wie die Vandalen betrugen, auch die Kunstwerke zerstörten oder zerstören ließen und Menschen auf das grausamste opferten; daher auch vandalisiren, mit blinder Wuth zerstören.« Das Grimmsche Wörterbuch benennt 1873 Vandalismus bereits knapp als Synonym für »Kunststürmerei« und beruft sich dabei auf die Eindeutschung durch Johann Heinrich Campe.[17]

Im deutschen, englischen und französischen Sprachraum fand der Terminus denn auch bis gegen Ende des 19. Jahrhunderts in der eindeutigen Beschränkung auf die Zerstörung elitären Kulturgutes (»ancient monuments«) oder von Naturschönheiten im Sinne von »attacks on beauty«, bzw. eines amtlich legitimierten »spirit of destructiveness« Verwendung, wie Leser der *London Times* es nannten.[18] »Modern vandalism« taucht dort zuerst Anfang 1844 im Zusammenhang mit der ästhetisch misslungenen Renovierung einer Kirche auf. Regelmäßig wurde seitdem in dem britischen Leitmedium der Begriff im Zusammenhang mit dem Abriss von alten Schlössern oder Parks zugunsten ›hässlicher‹ Neubauten, etwa auch dem Bau von Eisenbahntrassen und -brücken, verwendet.[19] Ein Leserbrief von 1864 weist allerdings vergleichsweise früh darauf hin, dass ungebetenes »scraching of names« schon damals gleiche Verärgerungen auslöste wie heute. Der empörte Herr forderte für jene »modern scamps« und »few criminals«, die sich am »defacing [of] our national monuments« ergötzten, den Pranger zurück. Der Mann hatte bei einer Schlossbesichtigung, trotz eines entsprechenden Schildes, welches »cutting the doors or damaging the Castle in any way« untersagte, Unmengen von eingeritzten Namen zur Kenntnis nehmen müssen. »This monkey-like propensity to mischief is far from being extinct.«[20] Aufgrund der zunehmenden Beschädigungen forderte der Mann die Anprangerung der Täter wenigstens durch die Presse und lieferte gleich eine Liste von Namen und Daten mit, die von der *Times* auch tatsächlich abgedruckt wurde. Der Verfasser betonte, dass allein die von ihm aufgeführten Namen vieler angesehener englischer Familien der Oberklasse bewiesen, dass es sich hier keinesfalls um ein Unterschichtenphänomen handele, wie gern behauptet werde. ›Gewöhnliche Namen‹ wie Brown, Jones oder Robinson fehlten nämlich völlig. Allerdings war es der zuständige Redakteur, der dem Leserbrief die Überschrift »Vandalism« gab und damit den Begriff im modernen Sinne einführte. Die Zuschreibung von Vandalismus für anonyme Sachbeschädigung befand sich hier noch im Übergang von der sogenannten Elitenkultur zur gleichwertigen Zerstörung banalen Allgemeingutes. Denn eher beiläufig lässt sich dem Leserbrief zusätzlich entnehmen, dass es in England offenbar bereits Mitte des 19. Jahrhunderts verbreitete Praxis war, an den Eingängen öffentlicher Parks kleine Plakate aufzuhängen, auf denen die Namen jener Personen zu lesen waren, die wegen dort begangenen mutwilligen Unfugs oder Erregung öffentlichen Ärgernisses verurteilt worden waren.

Der Begriff Vandalismus hatte im Deutschen auch

schon vor der Französischen Revolution als Synonym für gewaltsame, massenhaft begangene Verheerungen Verwendung gefunden. Da sich die schwedischen Könige stets selbst als »Könige der Vandalen« bezeichnet hatten und im Laufe des 17. Jahrhunderts reichlich Gelegenheit lieferten, solche militärischen Assoziationsketten zu verfestigen, lag der Vergleich mit den Vandalen schon während des Dreißigjährigen Krieges nahe.[21]

In seiner heutigen umgangssprachlichen, aber auch sozialwissenschaftlichen Bedeutung einer willkürlich erscheinenden anonymen Sachbeschädigung fand das Wort in Deutschland vermutlich erst um dieselbe Zeit wie in England breitere Verwendung. So beklagte ein Sternberger Journalist 1878 in der Tagespresse, dass in seinem Ort »auch Vandalismus [...] zu beklagen« sei: »So wurde die hübsche Wallbrücke demoliert. Das Geländer und die Eckpfeiler wurden gestohlen. Ein Laternenpfahl beim Sattler Gabrieschen Haus wurde umgestoßen.«[22]

Mutwillige Sachbeschädigung wurde in England länger als in Deutschland als »vorsätzliche« oder »böswillige Sachbeschädigung«, juristisch als »mutwilliger Unfug« bezeichnet. Erst nach dem Zweiten Weltkrieg fand »vandalism« im englischen Sprachraum in seiner heutigen Verwendung auch dann Verbreitung, wenn es sich nicht um die Beschädigung hochwertiger Kulturdenkmäler, sondern banaler Alltagsgegenstände handelte. »Vandalism« wurde dann hier wie dort teilweise synonym mit »rowdyism« und »hooliganism« benutzt, Termini, die es in Großbritannien für männliches Gewalt- und Drohverhalten schon um die Wende zum 20. Jahrhundert gegeben und die über den Umweg der

Kneipenschlägerei mit entsprechender Sachbeschädigung ihr Bedeutungsfeld erweitert hatten.

Am 3. September 1958 brachte die *London Times* dann erstmals einen zweispaltigen Artikel mit dem dramatischen Titel: »The Hooligan Age«, dessen hegemonialer Anspruch von der »zivilisierten Mehrheit« durch die strikte Durchsetzung der Ordnung bekämpft werden müsse.[23] In den nächsten Tagen und Wochen wurde dieses Thema weiter ausführlich behandelt und in Leserbriefen ausgiebig auch mit dem Begriff Vandalismus kommentiert. Der englischsprachige Einfluss wird an dieser Stelle so betont, weil er nicht nur in terminologischer Hinsicht den deutschen Umgang mit dem Phänomen seit über einhundert Jahren prägt. Es zeigt sich hier außerdem, wie ein Alltagsbegriff langsam Eingang in die Hoch- und Schriftsprache fand.

Im deutschen Sprachraum war ebenso wie im Englischen für Zerstörungen von Gegenständen von minderem ›kulturellem‹ Wert traditionell der Begriff des »Mutwillen«, seltener auch des »Unfugs« verbreitet. Zur Definition des »groben Unfugs«, wie er als § 360 Ziffer 11 lange im Reichsstrafgesetzbuch zu finden war, gehörte die »Öffentlichkeit des Ortes« und eine »Belästigung des Publicums«, auch in Abwesenheit desselben; der Begriff wurde auf kleinere Sachbeschädigungen angewendet.[24] Das Gesetz wurde allerdings gerade in Kaiserreich und Weimarer Zeit gern gegen die Presse oder andere nationalkritische Handlungen und Äußerungen angewendet und war insgesamt höchst umstritten.[25]

Mutwille definierte sich nach lexikalischer wie auch philosophischer und literarischer Ansicht zwar primär über den freien Willen, das heißt den individuellen Antrieb, wurde allerdings seit Ende des 18. Jahrhunderts fast nur noch als »leichtfertige bosheit, frevelhafter eigensinn oder übermut« interpretiert und grundsätzlich einem unspezifischen »pöbel« oder gelegentlich, zum Beispiel vom Dichter und Dramatiker Christoph Martin Wieland, der »Jugend« zugeschrieben.[26] In pädagogischen Lexika findet sich der Begriff bis ins 20. Jahrhundert hinein, allerdings mit durchaus widersprüchlichen Definitionen. In einem Artikel des »Encyklopädischen Handbuchs der Pädagogik« wird »dem Mutwilligen« zugestanden, ohne »böse Absicht noch Gefühllosigkeit und Neigung zu Lümmelei« zu handeln und Mutwille damit von »Roheit« unterschieden.[27] Letztere umfasst nach Aussage eines anderen Lexikons u.a. »Beschädigung des Schuleigenthumes, Mißhandlung von Hunden und Katzen« und lebensgefährliche Körperverletzung.[28] Im »Encyklopädischen Handbuch« wird Mutwille zwar im Grenzbereich zur Krankheit »moral insanity« angesiedelt, die sich durch »perverse psychische Lust und Gemütshärte« auszeichne, doch gerade »in den Flegeljahren des Knaben- und des Jünglingsalters, auf dem Grunde überschüssiger Kraft« und Geltungsdranges komme es unter anderem zur »Menschenverachtung, Gefühllosigkeit, Bosheit, Rachsucht, Schadenfreude, krankhafter Lust am Zerstören«. Ursache sei, falls nicht »krankhafte Lust am Zerstören« vorläge, primär »mangelhafte Erziehung«. Allerdings wird hier explizit die ›Männlichkeit‹ solcher Verhaltensweisen unterstrichen, denn »Mädchen beugen sich leichter unter das Scepter der Sitte, und nur selten wagt eine Virago ihrem Mutwillen die Zügel schießen zu lassen«. In scheinbar ungebrochener Tradition der antiken Temperamentenlehre wird »Sanguiniker[n] und Choleriker[n]« größere Disposition zum Mutwillen zugesprochen, ebenso Kindern eher als Erwachsenen, und ein höheres Auftreten »in Großstädten und volkreichen Industriebezirken« konstatiert.[29] Fast identisch lautet die Definition des Mutwillens im »Lexikon der Pädagogik« von 1914. Dies geht besonders auf vandalistische Akte ein, die immer im Bewusstsein verübt würden, dass man »Schaden stiftet«. »Der harmloseste Mutwille ist es, wenn Musensöhne einer Statue nachts eine Studentenmütze aufs Haupt setzen od. dgl. Wesentlich schlimmer ist es, wenn derselben Marmorstatue in übermütiger Zechlaune mit Anilintinte eine rote Trinkernase bereitet wird; abscheulich, wenn ihr im tollen Übermut die Nase abgeschlagen, od. wenn ein junges Bäumchen abgeschnitten wird od. gar ein Stein auf die Eisenbahn gelegt wird.«[30]

Das Bedeutungsfeld des Vandalismus befindet sich in stetem Wandel, der eng mit Grundannahmen über die Verursacher und die tieferen Ursachen mutwilliger anonymer Sachbeschädigung verzahnt ist. Diese Axiome wiederum sind eng an die jeweiligen politischen und gesellschaftlichen Rahmenbedingungen gebunden, gegen die sich die Akte der Zerstörung nach Vermutung der Diskutanten richten. Diese Gemengelage wird im Folgenden als spezifische Variante einer Gesellschaftsgeschichte näher betrachtet. Intellektuelle (gesellschaftliche) Introspektion im Spiegel anonymer Sachbeschädigung wird so als Tiefensonde eingesetzt, die anhand eines eher undramatischen Alltagsphänomens unkonventionellen Einblick in Krisenwahrnehmungen und kollektive Imaginationen der jeweiligen Gesellschaft liefern kann.

Frühe Neuzeit

Auch wenn für das Phänomen also lange kein fester Terminus existierte, waren entsprechende Handlungen dennoch auch in früheren Jahrhunderten nicht unbekannt. Schadenslisten über Zerstörungen im Lustgarten des Potsdamer Stadtschlosses etwa sprechen eine beredte Sprache.[31] Mit vermehrter Bautätigkeit der absolutistischen Herrscher, ob Schlösser, Festungsanlagen oder gar Stadtneugründungen, nahmen die Probleme mit einem als Sabotage empfundenen Vandalismus zu. Dies sollte bei der Konzeption möglichst bereits mitbedacht werden. Der ehemalige dänische Justizrat und Altonaer Polizeichef Johann Peter Willebrand (1719–1786) orientierte sich im Vorwort seines idealen Stadtverwaltungs- und Stadtplanungsentwurfs 1775 darum auch in Bezug auf den Umgang mit anonymer Sachbeschädigung am römischen Imperium. Der Autor hatte sich, inspiriert durch seine Reisen und wechselnden Dienstorte, schon früher mehrfach mit Fragen der »gesellschaftlichen Glückseeligkeit in den Städten« beschäftigt, war dabei auf vielfache Spuren »groben Unfugs« gestoßen und suchte nun pragmatisch nach effektiver Prävention. Eine Maßnahme schien – weder neu noch besonders kreativ – das Verhängen abschreckender Strafen zu sein. »Das Gesetz, welches für jeden abgehauenen Baum dem Abhauer 25 Römische Pfund zu erlegen zuerkannte, war das Mittel, die Zierde der Stadt, die schattigten Spatziergänge und Gärten zu erhalten.«[32] Andere Rechtstraditionen kannten neben Geld- allerdings auch schon früh Körperstrafen. So wurde immerhin noch 1784 ein Oberurseler Gesetz von 1484 für würdig befunden, in August Ludwig Schlözers »Stats-Anzeigen« – dem »Barometer und Thermometer der Erleuchtung«, wie Christoph Martin Wieland es nannte – wieder abgedruckt zu werden.[33] Das Gesetz drohte am Ende des Mittelalters, jedem »BaumScheler« und »Frevler« in der »Hohen Mark« »den Nabel aus seinem Bauch [zu] schneiden und ihn mit demselben an den Baum [zu] naihlen [nageln], und denselben BaumScheler um den Baum [zu] führen, so lang biß ihm sein Gedärme alle aus dem Bauch gewonnen seyndt. Und ob der Wald von jemandt freventlich angestochen [angezündet] wird: dem soll man Hände und Füße binden und zu zen malen in das größteste und dickste Fewer werfen.«[34] Der Redakteur, vermutlich Schlözer selbst, merkte sarkastisch an, dass durch sorgfältige Pflege und Kontrolle jenes Waldes dieser mittlerweile in so hervorragendem Zustand sei, dass es »zuverlässig besser« sei, »14 [Schilling] für eine Klafter Holz zu zalen, als [zu] wagen, daß einem der Nabel ausgeschnitten werde«.

Angesichts der Vielzahl an zeitgleichen ähnlichen Edikten mit geringeren Sanktionen ist allerdings kaum wahrscheinlich, dass eine derart ungewöhnliche Strafe, die keine Entsprechung in der Kaiserlichen Peinlichen Halsgerichtsordnung (Carolina) und den ihr nachempfundenen Landesgesetzen fand, nach dem Dreißigjährigen Krieg wirklich angewandt wurde.

Ein spezifischer öffentlicher Diskurs, sei es von theologischer, wissenschaftlicher oder moralphilosophischer Seite, scheint vor der Aufklärung nicht existiert zu haben. Der Umgang mit willkürlichen Beschädigungen lässt sich bis zur Mitte des 18. Jahrhunderts ausschließlich, aber eindrücklich an entsprechenden (gedruckten) Strafandrohungen ablesen. Selbst während des Dreißigjährigen Krieges, als in sehr vielen Gebieten des Reichs Verwüstungen durch umherziehende eigene und fremde Truppen, aber auch durch dauerhaft einquartierte Soldaten an der Tagesordnung waren, finden sich gelegentlich solche Edikte. Dies mag angesichts von Massakern und vielen Seuchentoten auf den ersten Blick seltsam erscheinen, doch gerade in Zeiten knapper Ressourcen an Nahrung und Gerät stand dessen Schutz weit oben auf der Agenda der lokalen Behörden. So ließ der Hessische Landgraf Wilhelm V. im Frühling 1629 durch die »hohen Officirern, auch Bürgermeister und Raht« der Festung und Stadt Kassel verkünden, dass er sich angesichts der Vergeblichkeit »unterschiedliche[r] außgelassene[r] scharffe[r] Befelche und Gebotte« genötigt sah, strengere Strafen zu verhängen. Beklagt wurde, dass den vor der Festung und Stadtmauer gelegenen Gärten, Äckern und Wiesen »grosser und verderblicher Schade geschehe und zugefügt werde, indem nicht allein die Zäune und Hecken niedergerissen, Zaunpfähle, Blancken, Hoppfenstangen und das dürre Gehöltz hinweggetragen oder verbrennet, die lebendigen Hecken aber uff- und abgehawen, die Gartenthüren und Pfosten hinweggetragen, die Schlösser, Hespen [Angeln], Handhäben, Einwürffe, Riegele und dergleichen mit gewalt abgeschlagen und genommen, sondern auch die junge gepfropffte Bäume entweder ganz außgehackt und gestohlen oder sonsten darnieder geleget, das Gartengewächß uff den Bäumen so wohl als den Ländern entwendet, das Graß unnd Früchte abgemeyhet unnd enttragen oder mit dem Viehe abgeätzet oder doch Muthwillig zertretten und über das, die in den Gärten befindliche Lusthütten verderbet, deren Dächer, Tische und Bäncke abgeworffen und zerschlagen, auch sonstet allerhand Muthwillen verübet würde«.[35]

Die folgenden Drohungen richteten sich darum gegen »alle Unsere Underthanen, sie seyen wer sie wollen«, aber auch gegen »Schäfer« mit ihren Herden und »Durchreisende«. Den Tätern drohten nicht nur Schadenersatzzahlungen und vier Wochen Turm, »sondern auch in den Schandkorb gesetzet und in den darzu verordneten Teich geworffen« zu werden, mit anschließendem Landesverweis. Unter Generalverdacht standen insbesondere auch »die Einwohner Unserer Dorffschafften des Ampts Cassel, wann sie deß Abends wohlbezecht nach Hauß gehen und die Thor hinder sich zu wissen, theils auß lauterm Frevel und Muthwillen und nur zu dem ende, damit sie zeigen mögen, welcher die schärffeste Barten hab,[36] theils aber darum, daß sie durch die Gärten, Äcker und Wiesen offene Wege haben mögen, die Zäune und Hecken uffhawen, auch die Bäume beschädigen, und wann sie noch jung, gar darniederhawen«. Um einmal getretene illegale Pfade nicht zur Gewohnheit werden zu lassen, wurde sogar jenen Untertanen, die auf solchen gehend angetroffen wurden, drei Gulden Geldstrafe avisiert. Außerdem sollten die ob dieses Dauerproblems neuerdings bestellten »Flurschützen« sorgfältig »Abendts und Morgens vor beschliessung und eröffnung der Vestung sich im Felde finden lassen, uff die Beschädiger unnd Gartendiebe, sonderlich auch die Graßmägde, so in die Saatfelder und Gärten lauffen und die Fütterung vor das Viehe darinn suchen, vleissig achtung geben«, alle Beobachtung sofort anzeigen und ertappte Täter festnehmen. Auf Widerstand gegen solche Staatsgewalt standen ebenfalls empfindliche Strafen. Um Wanderern und Reisenden keine Vorwände für das Zertreten von Zäunen oder Schonungen zu liefern, wurden gleichzeitig die Besitzer von an Alleen gelegenen Gärten und Äckern dazu aufgefordert, die Ränder mit Hecken zu bepflanzen und vor allem die Wege instand zu halten und »auszubawen«.

Gegenüber Soldaten, einer in diesen Zeiten sehr großen Gruppe von »Durchreisenden«, machten solche Verordnungen keinen Sinn. Sie waren als Täterkollektive zwar meist eindeutig zu identifizieren, doch da man des Einzelnen kaum habhaft werden oder ihm etwas nachweisen konnte, blieb diese Zielgruppe im Detail unerwähnt. Dass die eigene Festungsbesatzung ebenfalls als Täter erwogen wurde, lässt sich anhand der allgemeinen Adressierung zu Beginn des Ediktes und auch daran ablesen, dass die Kommandantur gemeinsam mit dem Rat als Urheber firmierte.

Weil ebenso in Friedenszeiten und insbesondere in den nächtlich verschlossenen Städten auch – oder gerade – nach 1648 vandalistische Akte gehäuft auftraten, sah man sich angesichts der Schäden vielerorts genötigt, ähnliche öffentliche Maßnahmen einzuleiten bzw. wenigstens anzudrohen. In der zweiten Hälfte des 17. Jahrhunderts scheinen solche Mandate noch zugenommen zu haben. Immer weitere Gruppen gerieten ins Visier, immer neue Sachbeschädigungen wurden thematisiert. Die Drohungen richteten sich in vielen

Städten bald primär an Schüler und Studenten. So deutet etwa eine Wismarer Verordnung von 1691 über das riskante Offenhalten der Kirchentüren und »Muthwill auf den Kirchhöfen« auf die Häufigkeit bestimmter Zerstörungen hin, die vage der »mutwillige[n] Jugend und Unfläter[n]« zugeschrieben wurden. Tätern drohte, anderen potentiellen »Flevlern« »zum Exempel«, »ohne Unterscheid« öffentlich das Halseisen oder die Rutenstrafe.[37] Auch die Universität Jena sah sich 1666 genötigt, ihre Studenten und Universitätsbediensteten zur Ordnung zu rufen. Ihnen wurde unterstellt, an öffentlichen Plätzen »allerhand Frevel und Muthwillen« in der Gewissheit zu verüben, dass sie von den städtischen Obrigkeiten nicht zur Rechenschaft gezogen werden konnten, da die Universitäten – ebenso wie das Militär – der städtischen Gerichtsbarkeit entzogen waren.[38] Ein ähnliches fürstliches Edikt richtete sich 1663 an die Schüler und Gymnasiasten von Gotha und verhängte ein nächtliches Ausgehverbot ab neun Uhr abends im Winter bzw. zehn Uhr im Sommer.[39] Mit Zunahme der Lateinschulen und Gymnasien, mit Gründung weiterer bzw. dem Ausbau der bestehenden Universitäten nahm nicht nur die Zahl der Schüler und Studenten zu, die oft von außerhalb kamen und bei Verwandten oder Fremden eingemietet wurden, sondern auch die Anzahl vandalistischer Akte, so dass sich den Stadtverwaltungen ein kausaler Zusammenhang aufdrängte.

Vandalismus genoss gerade dann besondere Aufmerksamkeit, wenn er von Diebstahl begleitet wurde. Diese Kombination von Normverstößen taucht reichsweit meistens im Zusammenhang mit der Beschädigung von Zäunen, Weinbergen, Obstgärten, Feldern und Gehölzen auf. Die ständig erneuerten Mandate richteten sich meist an unbestimmte Adressaten, oft durchaus an die gesamte »Einwohnerschafft«. Nur gelegentlich ermahnte man gezielt junge Männer. In der Grafschaft Blankenburg drohte die braunschweig-lüneburgische Regierung beispielsweise im Sommer 1689 jedem »ruchlosen Gesindlein« und »jungen Burschen«, die Zweige von Birn- und Zwetschgenbäumen abbrachen oder gar die gesamten Kronen der erstmals tragenden Stämme abhackten, um an die Früchte zu gelangen, mit einer Mark Strafe pro Zweig und zwei Mark pro ganzem Stamm. Die Hälfte der Summe sollte dem Anzeigenden zukommen, dem Anonymität zugesichert wurde. Zahlungsunfähige Täter mussten mit je 24 Stunden »wasserbrötigen Gefängniß« pro Mark Schaden rechnen.[40]

Knapp 100 Jahre später drohten im Fürstentum Calenberg unter der gleichen Regierung zwölf Mariengroschen für eine Beschädigung und 24 Mariengroschen für einen »verderbten Baum«, bei Zahlung der gleichen Summe als Belohnung an den »Denuncianten«. Bei Wiederholung verdoppelte sich die Geldstrafe, bei Zahlungsunfähigkeit galt es zu »unentgeltlicher Arbeit in den Forsten oder bey Gemeindewerken« anzutreten. Wurde jemand zum dritten Mal erwischt, wurde ein Mann zum Karrenschieben, eine Frau zu Zuchthaus verurteilt. Dieses Edikt war, wie so oft, bereits früher, hier 1695, 1696, 1715, 1736 und 1740, publiziert und immer weiter verschärft worden.[41]

Der Erzbischof von Mainz ließ Wiederholungstätern 1671 erheblich härtere Strafen androhen. Wer beim ersten Mal bereits ausgepeitscht und des Landes verwiesen worden war, eine doppelt entehrende Strafe, die bereits jede ehrliche Existenz verunmöglichte, verlor beim zweiten Mal, einem Dieb gleichgestellt, seine Hand, beim dritten Mal sein Leben. Auch hier wurden potentielle Denunzianten nicht nur mit »guter Vergeltung« gelockt, ihnen wurde gleichzeitig bei Nichtmeldung eines ihnen bekannten Täters sogar mit gleicher Strafe wie den Tätern gedroht.[42] Solch drakonische Maßnahmen sind deutliche Hinweise darauf, dass Taten solcher »GewächsVerderber« und »Baumfrevler« nicht nur sehr verbreitet waren, sondern auch die Abschreckung bzw. die Zusammenarbeit mit der übrigen Bevölkerung nicht funktionierte, denn es fehlte an effektiver obrigkeitlicher Überwachung. Die seit dem 17. Jahrhundert in den Edikten geforderten lokal einzusetzenden Wachdienste waren aus finanziellen Gründen meist unterbesetzt, denn die von den Fürsten angesprochenen Gemeinden (Amtleute, Zollschreiber, Vögte, Schultheiße, Bürgermeister usw.) waren nicht bereit, auf eigene Rechnung für den Schutz herrschaftlichen Besitzes aufzukommen. Sie konnten aber auch in der Regel wegen der Unübersichtlichkeit des Geländes insbesondere nachts gar nichts ausrichten. Der gerade neu entstandene Beruf des »Baumwärters«, eigentlich ein Gärtner einer Baumschule, erhielt so eine doppelsinnige Bedeutung. Nächtliche Wachaufgaben der für Zucht und Pflege zuständigen Kräfte wurden vielerorts explizit in die Arbeitsanweisungen aufgenommen, um überhaupt Personal aufbieten zu können.

Dass Gewalt gegen die Natur nicht allein in ökonomischer Versorgungslogik depravierter Untertanen aufging, war bereits den Zeitgenossen bewusst.[43] Denn nicht nur Obstbäume und Weinberge wurden verwüstet, auch Tannen-, Buchen- und Eichenschonungen wurden in einem Stadium zerstört, das wirtschaftlich für Plünderer gar keinen Sinn machte. So sind seit den 1670er Jahren quer durch alle deutschen Territorien landesherrliche Verordnungen überliefert, die sich ausschließlich mit markigen Drohungen »wieder das muthwillige Schänden und Verderben der gepflantzten jungen Bäume, Potten [Stecklinge] und dergleichen jungen Holtzes« wandten.[44] Solche Mandate mussten die Pfarrer, wie schon in früheren Jahrhunderten, regelmäßig sonntags in den Kirchen verlesen. Außerdem wurden die Edikte »gehörigen Orts angeschlagen«. In Kassel waren damit 1629 nicht nur die Stadttore gemeint, sondern auch Anschläge und Verkündigungen »uff den Dörffen im Ampt« und an vielen Mauern innerhalb und außerhalb der Stadt. Überall im Amt und der Stadt Kassel mussten die Pfarrer das Edikt »nach gehaltener Predigt« und »uffm Kirchhoff alle Jahr zweymal zu Frülings- und Herbstzeiten öffentlich ab[ge]lesen«.[45] Mancher Pastor machte das Thema gar von sich aus zum Gegenstand besonderer Predigten und ließ diese drucken.[46]

Holzordnungen, die es seit dem ausgehenden Mittelalter gab – einer solchen entstammte vermutlich auch das alte im »Stats-Anzeiger« wieder abgedruckte Gesetz des Nabelziehens von 1484 –, enthielten schon immer strenge Regeln zu verschiedenen Formen des Waldfrevels. Doch erst im 17. Jahrhundert wurde es offenbar notwendig, separate und immer wieder erneuerte Edikte zu publizieren, da selbst dort Zerstörungen angerichtet wurden, wo nichts entwendet worden war.

Mit dem Wiederaufbau der in den Kriegen des 17. Jahrhunderts zerstörten Residenzen und Rittergüter bzw. den Neubauten eines erstarkenden und repräsentationsbewussten Adels scheint sich die Sachbeschädigung gezielt gegen die neuen Alleen und Parkanlagen gerichtet zu haben. Gerade in den höfischen Besitzungen wurden nachts teilweise massenhaft Bäume umgesägt, aber das Holz meist gar nicht mitgenommen. Dieses scheinbar sinnlose »Wüten« ausgerechnet in Zeiten des nicht zuletzt durch die beginnende Industrialisierung allseits beklagten Holzmangels deutet auf zusätzliche Motive hin, auf die in den Edikten nicht eingegangen wird.[47] Selbst Karl Marx, der sich 1842 in mehreren Zeitungsartikeln zu den Debatten im Preußischen Landtag »über das Holzdiebstahlsgesetz« über die ökonomischen »Sonderinteressen« von feudalen Kräften versus den »armen Klassen« ausließ, schwieg sich über möglichen Mutwillen als Beweggrund für Waldschäden völlig aus. Solche Motive wären seinen politischen Argumenten auch nicht dienlich gewesen.

Während man über die unterstellen Motive aus den Quellen also wenig erfährt, wird stets die ganze Bandbreite der Freveltaten aufgezählt: das Ausreißen, Umhauen, Umhacken, Abbrennen, Niedertreten, ja sogar absichtliches Umfahren und das Vergiften von Bäumen. Solche Taten wurden durchgehend als »mutwillig«, »boshaft« und »frevelhaft« bezeichnet, ein logisches Motiv offenbar ausgeschlossen.

Besondere Zerstörungen wurden von jeher, auch in Friedenszeiten, in Gegenden mit militärischer Einquartierung beklagt, obwohl sämtliche Kriegsrechte den niederen Dienstgraden hierfür sogar mit der Todesstrafe drohten.[48] Dazu gehörten neben häufigem Zielschießen auf Gebäude oder Denkmäler auch das Einwerfen von Fenstern, das Zerstören bäuerlicher Gerätschaften, von Bienenstöcken, Fischteichen und Zäunen sowie Brandstiftung.[49] Darum kamen für die Zeitgenossen nach wie vor verschiedene soziale Gruppen als Täter in Frage. Während das Beschädigen von Pflanzungen und Alleen, insbesondere der zur Seidenraupenzucht angelegten Maulbeerbaum-Plantagen, von den Eliten zunehmend als bewusster Affront aufgebrachter erwachsener Untertanen gegen den Adel und seine Dekadenz betrachtet wurde, lagen die Motive beim Militär nahezu diametral. Gerade niedere Dienstgrade – so wurde es von den Zeitgenossen gedeutet – drückten ihre Verachtung gegenüber dem gesamten Zivilstand, dem sie sich qua Amt überlegen glaubten, auch durch Vandalismus aus.[50] »Die Militairstrafen [...] sind dahin bestimmt worden, dass wenn ein Unterofficier oder Gemeiner zum erstenmal sich solchergestalt vergeht, jener mit Regimentsstrafe, dieser aber mit ein- oder mehrtägiger Gefängnißstrafe abwechselnd mit Wasser und Brot [...] belegt werden solle.« Bei einem Schaden über drei Taler Wert drohte einem Gemeinen der »Gassenlauf«, einem Unteroffizier die demütigende »Schildwache«.[51] Oberoffiziere kamen für die Obrigkeit als Täter offenkundig nicht in Frage.

Diese Auffassung teilte der Dichter und selbst ehemalige unfreiwillige Soldat Johann Gottfried Seume noch 1806. Er erregte sich zwar auch über das provozierend arrogante Auftreten der »Ysenburgischen Officiere«, aber noch mehr über das der einfachen Dienstgrade, die er in der Umgebung von Leipzig beobachtet hatte. »Die Gemeinen zerhauen die Pflanzungen um die Stadt herum mit einer ächt dummen bestialischen Zerstörungswuth, und wehe der Polizei, wenn sie es wagt, ihre Lindenalleen zu schützen! Das ist nun so deutsch und gehört unter die Privilegia.«[52] Seume leitete insbesondere von seinen Beobachtungen des Verhaltens des Militärstandes weitreichende zivilisatorische und gesellschaftskritische Folgerungen ab: »Wer auf dem Fußstege reitet, wird die Barriere brechen, die junge Pflanzung niederhauen, die Saat zerstampfen, die Zäune durchhauen, den Garten berauben, den Hof plündern, den Eigenthümer mißhandeln, die Jungfrauen schänden, den Vater morden, das Land verrathen. Die Steigerung ist ganz natürlich. Wer nur anfängt Gesetz und Ehre zu verspotten, hat schon den größten Schritt zur letzten Niederträchtigkeit gethan. Der erste Keim ist der dumme Rausch: ›Wir haben das Privilegium.‹«[53]

Die Betonung, dass eine »im trunkenen Muthe« begangene Tat keinesfalls strafmildernd bewertet werden sollte, wie es eine Calenbergsche Verordnung von 1786 formulierte, kann durchaus als gezielt gegen junge Männer, insbesondere Militärs, gerichtete Warnung verstanden werden. Denn von ihnen unter Alkoholeinfluss begangene Delikte hätten theoretisch mit verschärften Strafen geahndet werden müssen. Mit den zunehmend stehenden und kasernierten Heeren tauchten im ersten Drittel des 18. Jahrhunderts in den obrigkeitlichen Mandaten neue Schauplätze auf. Nun wurden neben den weiterhin zentralen Zerstörungszielen, den Pflanzungen jeglicher Art, auch »Frevel an den Bruecken, Stegen, Gelender, Stoecken und [Post- und] Warnungs-Saeulen and andern dem gemeinen Wesen zugehoerigen Stuecken, daß solche abgehauen, ausgerissen, weggetragen oder sonst muthwillig verdorben worden« erwähnt.[54] Mühlsteine, auch die vielerorts ausgebaute Wasserversorgung, ob in Städten oder im Bergbau (Wasserkünste), wurden vermehrt zum Ziel von Zerstörungen. Insbesondere alle hölzernen und damit leicht zu zerstörenden Teile wie Brunneneimer und Brunnenrohre (Teuchel) wurden in Edikten benannt. In Zweibrücken zum Beispiel stand 1772 auf solche Beschädigungen die erkleckliche Summe von 50 Reichstalern.[55] In Norddeutschland wurden sogar die sensiblen Deiche zum Ziel nächtlicher »Frevler«.[56] Die regelmäßige Wiederholung solcher Edikte innerhalb weniger Jahre und deren scharfer Ton bezeugen, dass die anonymen Zerstörungen nicht nachließen und man auch weiterhin in der Regel keine Schuldigen dingfest machen konnte.

Die um straffere Führung und effektivere Kontrolle der öffentlichen Ordnung bemühten Territorialstaaten, besonders in den Residenz- und Garnisonsstädten, versuchten sich darum in praktischer Prävention bei der Stadtplanung, zum Beispiel durch »Erleuchtung der Spatziergänge«. Und um die gezielte Verunreinigung der Fassaden öffentlicher Gebäude mit Kot zu minimieren, sollten die Wege um sie herum gepflastert und die Gebäude möglichst durch Platzverweise vor »den Gassenbuben« sowie durch »zierliche Mauern und Pforten« vor ihnen und streunenden Tieren geschützt werden.[57]

In Bezug auf die städtischen Wallanlagen, auf denen die Bürger allerorten an Sonn- und Feiertagen gern flanierten, wurde der Verdacht gegenüber Jugendlichen explizit formuliert. »Endlich muß man nicht gestatten, daß dergleichen schöne und gemeinnützige Anstalten durch muthwillige Buben, oder durch Ziegen und andere Thiere beschädiget und zu Grunde gerichtet, auch daß die Brustwehren nicht bestiegen, und durch Gehen und Laufen beschädiget werden [...]. Ueberhaupt müssen an den Spatziergängen und auf den Wällen Warnungs-Pfähle hin und wieder gesetzet werden, die jedermann bey nahmhafter Strafe die Beschädigung der Gänge und Bäume untersagen.«[58]

Die nicht nur hier wiederholt angesprochene öffentliche Gefährdung, die insbesondere von männlichen Jugendlichen ausging, wurde zwar als altersspezifisches Risiko betrachtet, dies führte jedoch nicht unbedingt zu milderen Strafen. Vielmehr hingen die Sanktionen ganz erheblich vom Charakter der Tat ab. Kein Verständnis brachte man von jeher für Brandstiftung auf. Die Gefahren, die für die Allgemeinheit von Feuer ausgingen, waren sattsam bekannt. Baumaterialien wie Holz, vielfach waren die Dächer noch mit Stroh gedeckt, erhöhten das Risiko von ›Zündeleien‹ oder gezieltem In-Brand-Setzen einzelner Gebäude. Darum kam es Ende des 18. Jahrhunderts gelegentlich sogar noch bei Kindern zur Vollstreckung der Todesstrafe, inklusive aller entehrenden Strafverschärfungen. Beispielsweise wurde im November 1787 im oberpfälzischen Amberg der erst 13-jährige Leopold Löw wegen dreifacher Brandstiftung in verschiedenen Scheunen mit dem Schwert enthauptet, sein Leichnam anschließend verbrannt. Damit war ein christliches Begräbnis – für die Familie eine zusätzliche Entehrung – unmöglich geworden. Der Junge hatte einen Schaden von über 23 000 Gulden verursacht, dies war mit ausschlaggebend für das Strafmaß. In der gerichtlichen Urgicht hieß es zu seinen Motiven lapidar, dass bei diesem Täter »das Alter durch Boßheit ersetzt wird«.[59] Ein Grund für die gnadenlose Bestrafung mag gewesen sein, dass im katholischen Bayern, zu dem die Oberpfalz gehörte, im Gegensatz zu sämtlichen protestantischen Territorien in der zweiten Hälfte des 18. Jahrhunderts noch keine psychiatrischen Gutachten eingeholt wurden. Gerade bei augenscheinlich grundlosen Brandstiftungen wurden andernorts bereits häufiger sogenannte medizinische »Gemütszustandsgutachten« angefordert, die gerade bei Jugendlichen und Kindern meistens zu Begnadigungen oder Einweisungen in Anstalten führten.[60]

Abgesehen vom polizeilichen Interesse, wurde in den 1780er Jahren das Phänomen vordergründig sinn- und grundloser Zerstörungen erstmals im Rahmen eines patriotischen Diskurses von aufgeklärten bürgerlichen Kreisen diskutiert. 1784 fand sich in der Rubrik »Auszüge aus Briefen« im *Journal von und für Deutschland* eine anonyme marginale Notiz: »Eichstedt: Unser Fürst ließ auf der Wiese vor dem Ostenthore zum Vergnüngen des Publ. eine schöne Allee anlegen. Allein noch an dem nämlichen Abend, als die Bäume gesetzt waren, zerschnitten Bösewichter die mehresten davon. Warum ist in Italien, alles was dem Publico zum öffentlichen Gebrauch und Vergnügen gewidmet ist, vor Beschädigungen sicher, in Deutschland hingegen dem Muthwillen und Frevel so sehr ausgesetzet?«[61] Diese Klage eines Lesers korrespondiert mit der gelegentlichen Veröffentlichung entsprechender landesherrlicher Mandate in nämlicher und anderen aufklärerischen Zeitschriften. 1785 erschien ein anonymer Leserbrief, in dem sich der Verfasser, explizit Bezug nehmend auf die vorige Nachricht, Gedanken darüber machte, warum sich im lebenslustigen Italien die antiken Denkmäler großen öffentlichen Respekts erfreuten. Hingegen »der Deutsche vom gemeinen Haufen« nach seinem lustfeindlichen Tagwerk erst den »Muth seines erhitzen Gehirns« im Wirtshaus im »Rausch« ertränke und dann auf dem Heimweg seinen Frust und seinen »Hang« »zu niedrigen Vergnügungen« an öffentlichen »Monumenten« oder Anpflanzungen auslassen müsse.[62] Damit verschob sich der Fokus vom Holz als ökonomischer Ressource über Bäume, Alleen und Parks als Genussmittel hin zu Kunstwerken im Allgemeinen.

1789 wurde von der Göttinger Akademie der Wissenschaften eine Preisfrage ausgeschrieben, die sich aus diesen Anregungen, wenn nicht gar Kreisen speiste. Bereits in der Fragestellung wurde auf gesellschaftspolitische und nationale Implikationen angespielt: »Was ist die Ursache, warum, wenigstens in vielen Theilen von Deutschland, Zierrathen an öffentlichen Gebäuden, Brücken, Geländern, Monumenten, Meilensäulen, Bäume und Bänke [...] aus leerem Muthwillen öfter als in Italien und in andern Ländern verdorben werden? – Und wie läßt sich diese, wie es scheint, nationelle Unart am sichersten und geschwindesten ausrotten?« Als Belohnung waren zwölf Dukaten ausgesetzt. Die Resonanz war nach Angaben der Akademie vergleichsweise groß, obwohl nur 15 Einsendungen erfolgten. Davon liegen noch zwölf Manuskripte im Göttinger Akademiearchiv vor. Nur fünf der Antworten wurden (von den Autoren selbst) publiziert.[63]

Die eingereichten Antworten gleichen sich in ihren Grundgedanken, die primär auf einer gesellschaftsphilosophischen oder kulturalistischen Metaebene verharrten, auf frappierende Weise. Auch wenn die Autoren behaupten, ihre ursprünglich eingesandten Manuskripte nicht überarbeitet zu haben, drängt sich der Gedanke auf, hier sei, je nach Publikationszeitpunkt, voneinander abgeschrieben worden. Eine ebenso plausible Erklärung wäre allerdings, dass bei Treffen der diversen Aufklärungsgesellschaften, wie sie in den Residenz- und Universitätsstädten verbreitet waren, das Thema immer wieder anhand verschiedener Vorträge diskutiert worden war.

Intellektueller Konsens und Grundlage sämtlicher Überlegungen in den Manuskripten war, dass öffentlich ausgestellte Kunst und Architektur aller Art erzieherischen Zwecken dienen könnte und sollte. Niemand, so hatte bereits Akademiemitglied Heyne in einer anonym publizierten Sammelrezension kritisiert, ging darum näher auf banale Alltagsgegenstände ein.[64] Deren Beschädigung schien wahren Intellektuellen nicht bedeutend genug. Erzieherische Vorbildfunktion sollte unter anderem durch darstellerische Ästhetik erzielt werden. Gerade daran mangele es allerdings der überwältigenden Mehrheit der öffentlichen Monumente in sämtlichen deutschen Landesherrschaften, beschied man den Fürsten unisono. Man war sich außerdem weitgehend darüber einig, dass die kalte Witterung und dadurch verursachten harten Lebensbedingungen »den Deutschen« weniger sensibel und »roher« als die von der Sonne verwöhnten Völker geformt habe.[65] Der Einfluss des Klimas auf nationale Temperamente bzw. daraus resultierende spezifische Nationalcharaktere, insbesondere auf die von der Sonne verwöhnten Italiener als Erben der römischen Hochkultur, war Ende des 18. Jahrhunderts eine Binsenweisheit unter Intellektuellen, wenn auch nicht mehr unumstritten.[66] Von Kälte und vergleichsweise karger Natur zu härterer Arbeit gezwungen, habe der Deutsche weniger Zeit für die Entwicklung ästhetischer Interessen und weise eine höhere Grundaggressivität auf. Darum lösten ungerechte politische Bedingungen in Deutschland schnell Hass gegen alles aus, was mit dem Staat bzw. der Obrigkeit in Verbindung gebracht werde. Erschwerend kam gerade im Vergleich zu den Italienern die mangelhafte Gewöhnung an ein ästhetisches antikes Erbe hinzu. Die Franzosen wurden interessanterweise auf dem Höhepunkt ihres politischen Vandalismus nicht thematisiert – abgesehen von einer Zeile in einer Fußnote beim Weilburger Kanzleidirektor Johann Jakob Cella (1756–1820), in der der mit der Revolution sympathisierende Aufklärer entsprechende »neueste Auftritte in Frankreich« dezent andeutete.[67] Die deutsche Kulturlosigkeit musste darum aus Unkenntnis Abwehr gegenüber allem Edlen auslösen. Verschärft wurde dieser mangelnde Respekt vor Kulturgütern noch durch die protestantische Entheiligung öffentlicher Monumente. Diesbezüglich, befanden die Autoren einhellig, sei ein klares Gefälle zwischen katholischen und protestantischen Staaten zu erkennen. In den katholischen deutschen Ländern sei man wie in Italien daran gewöhnt, antike Statuen mit Göttern oder Heiligen zu assoziieren. Wegkreuze oder Postsäulen, ebenso öffentliche Bauten wie Brücken oder Bänke würden dort als geweihte und dem Schutz bestimmter Heiliger unterstellte Orte respektiert, indem zum Beispiel schon immer steinerne Schutzpatrone in Nischen von Brückenbauten integriert würden.

Für die Aufklärer standen somit die natürlichen Voraussetzungen und die kulturellen Einflüsse, sprich ästhetische Bildung und patriotische Erziehung, in engstem Zusammenhang. Sie alle setzten grundsätzlich auf Ursachenanalyse und zivilisatorischen Fortschritt mit dem Ziel der »Menschenbildung« durch Volksaufklärung und Volksbildung, da es den Zerstörern allein an moralischem Bewusstsein mangele. Brächte man ihnen Kenntnisse über die eigene Geschichte bei und lehrte man bereits die Kinder die antiken Vorbilder zu lieben, wäre die wichtigste Voraussetzung für achtsamen Umgang mit den Dingen erfüllt. Auch müssten mehr und vor allem für alle »Volksclassen« zugängliche Parks und Kulturdenkmäler geschaffen werden. Dann würden sich die Menschen auch mit diesen identifizieren und sie nicht als weiteren privilegierten Ausfluss der Ausbeutung durch den adeligen Stand interpretieren. Allen Autoren war klar, dass es sich bei der Volksbildung, die von einer breitangelegten Volksaufklärungsbewegung getragen wurde, nur um ein langfristiges Ziel handeln konnte,[68] denn für sie steckten nicht primär Kinder und Jugendliche hinter den meist anonym begangenen Beschädigungen, sondern frustrierte unfreie und dazu ungebildete männliche Erwachsene. Der Weg vom ästhetischen zum politischen Problem war für die Aufklärer auch bei anonymer Sachbeschädigung ein kurzer und direkter.

Allein der Königsberger Bürgermeister Theodor Gottlieb von Hippel (1747–1796) thematisierte den Krieg als eine weitere Ursache für Vandalismus. Schließlich seien es ausgerechnet die Fürsten, die oft selbst die Zerstörung von Schlössern und Parks befahlen und somit negative Vorbilder lieferten. Er scheute sich nicht, dabei Friedrich II. und sein Verhalten im Siebenjährigen Krieg direkt zu thematisieren.[69] Hippel war auch der Einzige, der die mangelhafte Integration von Einwanderern als einen weiteren Einflussfaktor ansprach. Nicht nur durchreisende »Fremde« nutzten ihre Mobilität gern aus, »auch der sich ansiedelte, behält so viel Liebe zu seinem Vaterlande und seinen Penaten, daß er, theils wegen der vielen unnützen Schwierigkeiten, die man ihm bei dem Anfange seines Bürgerrechts in den Weg legte und die man bei der kleinsten Gelegenheit erneuert, theils wegen der unerträglichen Lobpreisungen auf Kosten seines Vaterlandes, einen Haß im Stillen nährt, der gemeinhin zuerst an Kunstsachen und demnächst an anderen heterogenen und völlig unschuldigen Gegenständen Ritterthaten auszuüben pflegt«.[70]

Die Anspielungen auf die politischen Rahmenbedingungen in den verschiedenen deutschen Staaten fielen bei den Autoren unterschiedlich deutlich aus. Argumente späterer Zeit, wie fehlende Gewissensbisse und mangelnde Angst vor Strafe wegen wachsender Areligiosität, spielten nur bei Herostrat eine Rolle, hinter dessen Pseudonym sich vermutlich ein protestantischer

Pfarrer aus der Brandenburger Provinz verbarg.[71] Nur er machte, aus konkreter Erfahrung, wie er mehrfach betonte, »fremdes Gesindel« und »Müßiggänger« »die vom Mark der arbeitsamen Volksclasse zehr[t]en« für Zerstörungen verantwortlich. Konkret seien dies »gewöhnliche Bettler, Zigeunerbanden, so genannte Abgedankte vom Militärstande, Handwerksburschen, vorgebliche Reisende vom niedern Stande, ordentliche Landstreicher« und andere »Fremdlinge«. Nur er wählte auch ein extrem herabwürdigendes Vokabular gegenüber den Verdächtigten: Er sprach von »Abschaum« und »Auswurf«. Protoeugenisches Denken klingt an, wenn er schäumte, »dieses Gesindel begatte [einander]« und zeuge eine »Bruth«, »die beynah noch verworfener wird als ihre Väter«. Als Maßnahmen forderte er nicht nur die Publikation von Warnungen in »Edikten, in Zeitungen und Intelligenzblättern«, sondern insbesondere die Einrichtung von Arbeitshäusern für »diese moralische Pest«, begleitet von scharfen Polizei- und Grenzkontrollen und der rigorosen Ausweisung jenes »Auswurf[s] der Menschheit, der dem Lande aus fremden Gegenden zuströmt«.[72] Seinen extremen Tiraden (»wie die Heuschrecken [fallen sie] zum tausendfachen Unheil über das Land«[73]) diametral entgegen steht jedoch im gleichen Text die wiederholte Betonung der Menschenwürde. Neben mangelnder christlicher Erziehung zur Stärkung des Gewissens war auch für Herostrat die ständige Demütigung und Ausbeutung der einfachen Menschen durch den Adel ein Grund für Hass und Rachegelüste, die man an den Kulturgütern austobe.[74] Von der Gesellschaft ohnehin Geächtete, wie Zigeuner und Vagierende aller Art, gehörten seiner Ansicht nach aber nicht zu den zu Unrecht Diskriminierten.

Achteten die Grund- und Landesherren die Menschenwürde – so alle Preisschriften unisono –, verschwände nicht nur der Vandalismus, sondern es wären auch jene Gefahren des Umsturzes und der wider göttliches Gebot verstoßenden ständischen Gleichmacherei gebannt, wie sie gerade von Frankreich ausgingen. Neben der Politik spielten die christliche Moral und die Klage über Werteverfall (nicht aber Unglaube), insbesondere bei der männlichen Jugend und den niederen Ständen, eine zentrale Rolle. Außerdem wurde die Verletzung sittlicher Gefühle durch die Zurschaustellung menschlicher Nacktheit vor allem bei ›modernen‹ Plastiken thematisiert.

Allen Autoren war jedoch ein gewichtiges politisches Argument gemeinsam: die unveränderte faktische Unfreiheit vieler Bauern. Ungerechtfertigte Frondienste, zu lange Arbeitszeiten und karger Lohn der Landleute und Handwerker auf der einen, hochherrschaftlicher Luxus und Müßiggang auf der anderen Seite entsprächen weder christlicher Verantwortung noch seien sie innerhalb der Ständegesellschaft legitim. Diese Missstände brächten gerade die »unteren Stände« gegen alle Besitzenden und deren Herrschaftssymbole auf. Hippel und der Rostocker Völkerrechtler Samuel Simon Witte (1738–1802) forderten sogar unverblümt die Abschaffung der Leibeigenschaft.[75]

Die geistig-seelische Erschöpfung der extrem hart körperlich arbeitenden Menschen werde durch das Verbot von Volksbelustigungen, Tanzveranstaltungen und anderer Freizeitaktivitäten noch verstärkt. Stattdessen würde der abstumpfende und gleichzeitig Aggressionen fördernde Alkoholkonsum unterstützt, denn nur in den dank großzügiger Schankgenehmigungen – mit Blick auf die durch die Alkoholsteuer gefüllten Kassen – reichlich existierenden Wirtshäusern könne sich das einfache Volk nach der Arbeit treffen. Gemeinsame Unternehmungen mit Frau und Kindern, bei denen der »Landmann« sich in schönen Parks oder auf anspruchsvoll gestalteten Plätzen ergehen und seine Ästhetik schulen könne, seien kaum möglich, da solche Orte in Deutschland selten und wenn, dann exklusiv für den Adel existierten. Der »Mutwille« sei also »kein Prinzip, sondern nur Symptom« für ganz anders gelagerte gesellschaftliche Missstände.[76] Vor allen anderen Faktoren wurden Rachegelüste wegen der ständigen Verletzung von »Menschenwürde und Bürgerwerth« bzw. das deprimierend ausufernde Polizeistaatswesen für den »Widerwillen« der Menschen verantwortlich gemacht. Zu den verhassten Herrschaftssymbolen gehörten Gassenlaternen, die seit Anfang des 18. Jahrhunderts vielerorts für Licht in kriminellen, aber auch politisch dunklen Ecken sorgen sollten. Auch Postsäulen und private Alleen, die auf die adeligen Güter zuführten, galten als Symbole ständischer Repression. Von Heldendenkmälern, die meistens Kriegstreiber verherrlichten, welche ganze Völker ins Verderben gestürzt hätten, ganz zu schweigen.[77] Die preußische Regierung ahndete insbesondere solche Vergehen gegen herrschaftlichen Besitz rigoros mit Karrenziehen, Brandmarkung, »Staupenschlag und Vestungs-Bau«.[78] In Brandenburg wurden häufig Maulbeerplantagen zum Ziel von Verwüstungen, da die Seidenraupenzucht nur dem herrschaftlichen Luxus diente. Hippel konstatierte nach Aufzählung diverser Gesetze nur trocken, dass sämtliche strafrechtliche Drohungen ganz offensichtlich seit Jahrzehnten wirkungslos verpufften.[79]

Angesichts der, auch in der Wortwahl, durchaus revolutionären, wenn nicht gar frühsozialistischen Argumente, die ausgerechnet von den Juristen unter den Autoren vertreten wurden, verwundert kaum, dass die Göttinger Akademie entgegen ihrer ursprünglichen Zusage die Antworten nicht publizierte und die Verfasser dies später selbst tun mussten. Erstaunlich, wie sie dabei die jeweilige Zensur hatten passieren können.

Kinder und Jugendliche wurden in keiner der Preisschriften direkt als Täter thematisiert, obwohl manche, vor allem ältere städtische Edikte genau diese Gruppe als erste vor Augen hatten.[80] Schüler und Studenten wurden einmal kurz erwähnt, Arbeiter, Handwerker und Tagelöhner spielten eine erheblich größere Rolle. Die Verfasser verfolgten mit ihrer globalen Täterzuschreibung eindeutig politische Ziele, wollten auf grundlegende soziale und ökonomische Missstände aufmerksam machen. Dazu eignete sich das anonym begangene Delikt in besonderer Weise, denn es wurde als eindeutiges Unterschichtenphänomen beschrieben und definiert. Die revolutionär gestimmten Autoren, noch am ehesten Hippel und Witte, erwogen zwar auch kurz, dass die von ihnen im Sinne geistiger Deprivation verstandene Langeweile, »leere Muße« und individuelle Einsamkeitsgefühle oder Wut und Frustrationen im unmittelbar persönlichen Sinne, etwa nach einem Streit, »unpolitisch« sein könnten. Gerade isoliert lebende und arbeitende Menschen wie Hirten, Feldarbeiter, umherstreifende Bettler und alleingelassene Wachposten auf großem Gelände, seien deshalb besonders gefährdet.[81] Doch wurden solche Überlegungen zugunsten der Gesellschaftskritik zurückgedrängt. Entsprechend sahen die Präventionsvorstellungen aus: Der Sinn für das Schöne müsse bei den Massen auf dem Lande kultiviert werden. Einerseits sollte der Unzufriedenheit durch weniger verspielten Prunk an repräsentativen Bauten, vor allem den adeligen Lustschlössern, vorgebeugt werden, anderseits sollte durch eine vage definierte volksnahe Ästhetik ein standesübergreifender patriotischer Baustil entwickelt werden. Vor allem aber müssten mehr allgemein zugängliche »schöne« Bauwerke, Denkmäler und Parks die Menschen an das Leben mit Kunst und Kultur gewöhnen. Statt anfälliger Materialien wie Holz sollte mehr in Stein gearbeitet werden, öffentliche Anlagen müssten durch die Gemeinden direkt mitgestaltet und dann auch gepflegt und erhalten werden. So würden die Bürger direkt in die Instandhaltung einbezogen. Da bei der Mehrheit der Taten kein »böser Muthwille« zugrunde läge, wirkten rigide Strafen – da war man sich weitgehend einig –, etwa der üblicherweise verhängte Festungsbau oder die Karrenstrafe, wie sie zum Beispiel in Preußen noch immer bei Baumfrevel üblich war, in der Regel nur kontraproduktiv. Stattdessen empfahl man Wiedergutmachung durch Bezahlung oder persönliche Reparatur des Schadens sowie zusätzlich die kollektive Haftung ganzer Gemeinden, um das gegenseitige Verantwortungsgefühl zu stärken und den Wert der Dinge achten zu lehren. Auch das Locken mit Belohnungen für Denunziationen hielt man insgesamt für sinnlos, da die Leute gegen die Obrigkeit und deren Repräsentanten zusammenhielten. Hippel fragte rhetorisch, ob es nicht einer Bankrotterklärung gleichkäme, wenn ein Staat, der seine Untertanen des Landes verweise, damit »augenscheinlich beweise, daß er die Erziehung seiner Bürger aufgiebt«?[82]

Die typischen Aufklärer hielten gemeinsam am Axiom fest, jeder Mensch sei von Natur aus einer antiken Ästhetik und dem Wunsch, künstlerisch zu überdauern, zugeneigt, seine Kultiviertheit müsse nur freigelegt und trainiert werden. Volksbildung und Volksfreiheit waren die hehren Prinzipien, denen ihre Überlegungen strikt folgten. Zu den favorisierten Maßnahmen für eine umfassende Prävention gehörten in erster Linie die staatliche Beförderung des Patriotismus durch Gedenkmünzen, entsprechende Inschriften an Monumenten und Gebäuden, die Förderung der Sittlichkeit durch Beachtung von Ästhetik und Symmetrie, insbesondere beim Anpflanzen von Alleen und Parks, oder die Aufstellung ›bemannter‹ öffentlicher Pissoirs, damit abgelegenere Objekte nicht länger als Kloaken missbraucht würden, denn Verunreinigungen aller Art reizten förmlich zum Vandalismus. Auch sollte in der Nähe von Monumenten, Brunnen etc. kein Ausschank von Alkohol gestattet werden; Kleinhandel jeglicher Art, der nur den »Pöbel« und die »Kinder« anzöge, sollte dort ebenfalls verboten sein, denn solche Kunden repräsentierten angeblich den Großteil der Täter; für Alleen sollten nur Obstbäume verwendet werden, deren unmittelbarer Nutzen sich jedem erschließe. Favorisiert wurde eine Bürgerbeteiligung beim Bau und Erhalt öffentlicher Anlagen, denn die Lust des Einzelnen zur Verantwortung steige proportional zu seiner finanziellen Belastung für Ersatzmaßnahmen. Um den Aktivitätsdrang der Kinder und Jugendlichen angemessen zu kanalisieren, seien endlich ordentliche Spielplätze anzulegen, groß genug für Ballspiele. Der vielfältige Nutzen solcher Areale müsse inklusive der Spielregeln den Eltern nahegebracht werden. Wo den Kindern in ihrer Freizeit nur rohes Holz, also Büsche, Zäune und Bäume als Spielgeräte zur Verfügung stünden, müsse man sich nicht wundern, dass sie sich dieses Material beschafften und auch ›bearbeiteten‹. Und wenn Kinder gerade in den Städten mangels angemessener und ausreichender Spielflächen ihre Freizeit vornehmlich auf Kirchhöfen verbringen müssten, blieben Missbrauch und Beschädigung von Grabsteinen und Bepflanzung nicht aus. Vor allem den »Bürgerschulen« käme hier große Bedeutung zu, aber auch den Lehrern »in den Waisenhäusern und andern öffentlichen Erziehungsanstalten« sowie den Pfarrern. Zeichenunterricht müsse zur Sensibilisierung des ästhetischen Empfindens gerade in den »Industrieschulen« für die angehenden Handwerker verpflichtend werden.

Der Turn- und Reformpädagoge Johann Christoph Friedrich GutsMuths (1759–1839) setzte sich wie wenige andere Erzieher schon zur Jahrhundertwende massiv für die Anlage von Schulgärten ein, in »Bürger-« und »Land-«, insbesondere auch in den »Industrieschulen«. Nur eigene gärtnerische Erfahrungen lehrten die Jugend, den Wert von Arbeit und Mühen in und mit der Natur zu begreifen, was sich insbesondere in weniger Beschädigungen »neuangelegter Baumpflanzungen«, die besonders häufig Ziel von »Zerstörungssucht« würden, niederschlagen werde. Gleichzeitig sei Gartenarbeit, gesunde Bewegung an frischer Luft, gerade nach dem Stillsitzen im Klassenraum, für bewegungshungrige Kinder unabdingbar. Dadurch werde auch der ausweichende Drang zur Sachbeschädigung stark vermindert.[83] Sein Kollege Rudolf Magenau befand, man dürfe unverbesserlichen »Baumverderbern« durchaus auch berichten, dass man ihnen früher die Hand abgehackt hätte und diese Strafe nur aus humanitären Gründen abgeschafft sei. Weil sich viele Kinder das »böse« Verhalten erst von Erwachsenen abschauten, sei es die Aufgabe der »Prediger«, gerade Letztere zu erziehen.[84] Solch generationenübergreifende Aufmerksamkeit zeigte sich auch Anfang des 19. Jahrhunderts in der Veröffentlichung einer »Bittschrift der Bäume an ihre Beschädiger« im *Kaiserlich-priviligierten Reichsanzeiger*. Dieser pädagogische Essay wurde von einigen Volksschullehrern später sogar als Diktatvorlage verwendet und von »Eltern und Kindern« freudig aufgenommen, wie es bei Magenau hieß.[85]

Insgesamt fiel die publizistische Resonanz der Lehrerschaft bezüglich des außerschulischen Verhaltens ihrer Klientel auch in den ersten Jahrzehnten des 19. Jahrhunderts trotz wachsender Zahl an Fachzeitschriften recht gering aus. Hier mag eine Rolle gespielt haben, dass *die* Jugend in bürgerlichen Kreisen auch während der Restaurationszeit noch als »bessere Vorwegnahme der bürgerlichen Zukunft« galt.[86]

Protoindustrialisierung und Industrielle Revolution

Der Hamburger Stadtarchivar Otto Beneke (1812–1891) behauptete 1856 in einem Rückblick auf den Ärger der letzten hundert Jahre mit »Winkel- und Gassenjungen«, dass die Zeit von 1814 bis zur Julirevolution 1830 nur artige Kinder erzogen habe. Seit 1830 gäbe es zwar wieder Auffälligkeiten, aber im Vergleich zur früher endemischen »Brutalität« seien das nur »ziemlich unschuldige Kindereien«. Verstärkt verzeichne man allerdings wieder »das Beschmieren und Bemalen der Planken und Mauern mit unpassenden Wörtern und Zeichnungen usw«.[87]

Da die deutsche Geschichte auch weiterhin nicht vom angestrebten »fröhlichen Weltbürgertum«, wie es Cella erträumt hatte, gekennzeichnet war, dürfte die Aufklärer nicht gewundert haben, dass auch in den folgenden Jahrzehnten der Vandalismus gegen öffentliche Gegenstände nicht völlig verschwand. Allerdings wurden die politischen und pädagogischen Ratschläge von den Fürsten und Stadtoberen teilweise aufgegriffen, zum Beispiel der verpflichtende Zeichenunterricht in vielen Schulen. Nur einzelne Volksschullehrer äußerten sich in den ersten Jahrzehnten des 19. Jahrhunderts noch zu diesbezüglichem Verbesserungspotential im Unterricht. Erziehung zur »Reinlichkeit«, die Pflege einer »schönen« Sprache sowie mehr Gesangsunterricht seien elementar, um dem verbreiteten »Stumpfsinn gegen das Schöne« und damit der Lust an der Zerstörung langfristig entgegenzuwirken.[88] Allerdings spielte die Auseinandersetzung mit dem Verhalten der Schüler außerhalb des Unterrichts in den vielen neuen Lehrerzeitungen eine überraschend marginale Rolle, sieht man einmal von der wachsenden grundsätzlichen sittlichen Besorgnis der Pädagogen ab. Auch von Pfarrern sind bislang keine weiteren Stellungnahmen bekannt.

Einzig die fleißig überarbeiteten Partikulargesetzbücher, etwa das Preußische Allgemeine Landrecht (ALR, 1794), das Bayerische Strafgesetzbuch (BStGB, 1813) oder das Königlich Sächsische Kriminalgesetzbuch (KSK, 1838) deuten auf eine ungebrochene Virulenz des Themas hin. Sie entwickelten immer differenziertere Tat- und Strafvarianten. »Bosheit« und »Muthwillen« waren für alle »qualifizierten Sachbeschädigungen«, das heißt an öffentlich bedeutsamen Gegenständen, wie Gräbern, Denkmälern oder technischen Werten, schon bei einer Ersttat sehr hoch. Hier wurde überall mit mehrjährigen Haftstrafen, in den älteren Gesetzen zusätzlich mit Leibesstrafen gedroht.[89] § 1490 ALR bestimmte, »geringere Beschädigungen, die aus bloßem Muthwillen verübt sind, sollen polizeimäßig, durch körperliche Züchtigung, Strafarbeit, oder Gefängnis, nach dem Alter und Stande des Beleidigers geahndet werden«. § 1491 ALR sah bei »erheblichem Schade« Zuchthaus zwischen vier Wochen und zwei Jahren vor.[90] Das KSK zählte in § 289 neben religiösen Stätten und wissenschaftlichen Sammlungen bereits Eisenbahnen auf. »Baumfrevel« wurde in § 291 gesondert behandelt. Denunzianten sei in diesem Falle eine Belohnung von »fünf bis zehn Thalern« zu zahlen (§ 292).[91] In der

Regel handelte es sich nicht um ein Antragsvergehen, auch Motive oder Alter des Täters spielten kaum eine Rolle für die Strafzumessung bei der anonymen »muthwilligen« Sachbeschädigung. Stattdessen waren Schadenshöhe und Schadensobjekt ausschlaggebend für die Strafwürdigkeit. Dies änderte sich während des gesamten 19. Jahrhunderts nicht.[92]

Es scheint, als hätten Industrialisierung, rasantes Bevölkerungswachstum und Pauperismus einerseits sowie der wachsende Konsum größerer Schichten und die Zunahme an bürgerlichem Besitztum andererseits die öffentliche Beschäftigung mit scheinbar sinnlosen Zerstörungen auf ökonomisch relevante Bereiche beschränkt. Das Privateigentum als primäre schützenswerte Kategorie hatte das ständische Herrschaftseigentum abgelöst.[93]

Im Umfeld der jugendlichen städtischen Fabrikarbeiter scheint es teilweise tatsächlich Kinder- und Jugendbanden gegeben zu haben, die durch »Herumtreiberei« und verschiedene Arten von Kriminalität auffielen. Sie wurden insbesondere in Preußen und Hessen seit Mitte der 1820er Jahre zum Gegenstand obrigkeitlicher Maßnahmen.[94] Ein Teil des öffentlichen Diskurses hatte sich in die lokalen Tageszeitungen verlagert, die solche Ereignisse dokumentierten und kommentierten. In einer Bekanntmachung des Bürgermeisters von Solingen von 1835 im *Solinger Kreisblatt* hieß es, dass »Gesellschaften junger Leute« sich »bei warmer Witterung« die Zeit damit vertrieben, die an der Wupper gelegenen »Schleifkotten« zu beschädigen und mit ihren Pfeifen in Brand zu stecken.[95] Die Verordnung betonte ganz selbstverständlich, »dass die Eltern für die

Vergehen ihrer minderjährigen Kinder verantwortlich« seien. Damit stand für den lokalen Beamten, im Gegensatz zu den juristischen Aufklärern und in Übereinstimmung mit den besorgten Pädagogen der Restauration, unzweifelhaft »die [männliche] Jugend« als Tätergruppe fest. Friedrich Engels hingegen standen 1839 in seinen scharfzüngigen »Briefen aus dem Wuppertal« noch verschiedene andere potentielle Täter vor Augen.[96] Seine dramatischen Schilderungen von branntweinsüchtigen, »demoralisierten«, kranken und ausgebeuteten Menschen, einem tyrannischen bürgerlichen und für die Unterschichten völlig fehlenden Schulwesen deuteten eher in jene aufklärerische Richtung, die von den Pädagogen in ihren zunehmend nationalpatriotisch getönten Reformartikeln weiterhin ignoriert wurde. Engels' Hinweise auf soziale und politische Zusammenhänge zwischen Sachbeschädigung und Lebenswirklichkeit möglicher Täter, die gänzlich die Gesellschaftskritik der Aufklärer bestätigten, lösten jedoch offenbar keine weiteren Reflexionen aus. Dabei traten mutwillige Zerstörungen über Jahrzehnte in sämtlichen frühindustrialisierten Regionen auf. So hieß es 1856 im *Bergischen Volksblatt*: »Unterzeichneten warnen hierdurch Jeden, sich fernerhin an unserm Kotten, am Anschlag genannt, jeder muthwilligen Beschädigung, sei es an Fenstern, Steinen oder sonst irgendwo zu enthalten, widrigenfalls wir Jeden, so wie auch Eltern (da wahrscheinlich solche Frevel von böswilligen Knaben verübt worden) zur unnachsichtlichen Bestrafung ziehen werden.«[97] »Unfug« war und blieb auch in anderen Teilen Deutschlands und für die nächsten Jahrzehnte die offizielle polizeiliche Bezeichnung für sämtliche Handlungen dieser Deliktkategorie. Im Gegensatz zur Sachbeschädigung mit Diebstahl entbehrten bloße Beschädigungen aus Sicht der Ermittler, dies ergaben erste kriminalhistorische Untersuchungen, jeglichen Sinns und damit auch jeder gesellschaftspolitischen Relevanz.[98]

Da bei zunehmender polizeilicher Überwachung von öffentlichen Wegen und Plätzen Einzelne hin und wieder ertappt oder überführt werden konnten, hatte sich der Verdacht inzwischen auf männliche Heranwachsende zugespitzt. Andere Verursacher wurden nicht mehr thematisiert. Es wäre interessant zu untersuchen, ob etwa in Universitätsstädten die sonst gern beklagte Neigung der Studenten zum »Unfug«, etwa das Einwerfen von Laternen und Fenstern von Professorenhäusern, auch jenseits der Ereignisse des Vormärz eine Rolle spielte und ob gewalttätiges Verhalten von Lehrlingen und Gesellen auch außerhalb von kollektiven Unruhen thematisiert wurde.[99]

In einer Zeit der fortschreitenden Technisierung, auch des Arbeitslebens, zeigte sich bald, dass mit dem Bau der Eisenbahnen und Errichtung der Telegrafenleitungen seit den 1840er Jahren auch auf dem Lande der Vandalismus zuzunehmen schien. Vielleicht wurden solche Akte aber mit den Jahren nur sensibler wahrgenommen, da sie unmittelbare und massive ökonomische Auswirkungen zeitigten. Seit 1845 tauchen in Sachsen und Preußen immer wieder verschärfte und verfeinerte spezifische Gesetze gegen die Beschädigung der Eisenbahnanlagen und Telegrafenmasten auf, später dann auch gegen Zerstörung der neuen überirdischen Wasserleitungssysteme und immer wieder Strafandrohungen in Bezug auf unbewachte Werkstätten und Fabrikgelände.[100] Nachzuprüfen wäre, ob man vor Gericht – wie für die Schweiz bereits ansatzweise untersucht – durch Verschärfung des Tatbestandes, beispielsweise der »Gefährdung des Eisenbahnverkehrs«, härtere Strafen auch gegen Jugendliche zu erwirken versuchte, die besonders abschreckende Wirkung haben sollten.[101] Im selben Zeitraum gründeten sich aus einer religiös motivierten Rettungspädagogik heraus vermehrt private Initiativen, etwa 1833 das »Rauhe Haus« in Hamburg, 1834 das »Rettungshaus« in Kassel oder erste Kindergärten in Thüringen.[102] Dass das Problem der Übergänge zwischen »Unfug« und fahrlässiger bis bewusster Gefährdung durchaus auch jenseits des juristischen Feldes wahrgenommen wurde, zeigt sich überdeutlich am publizistischen Erfolg der erstmals 1865 erschienenen »rabenschwarzen Bubengeschichte« Wilhelm Buschs, »Max und Moritz«. Die sieben Streiche bestanden, neben diversen Tierquälereien, auch im Zersägen einer Brücke und der Sprengung des Dorfschullehrers samt Haus. Die »Übelthäterei« der beiden ca. zehn- bis zwölfjährigen Knaben endete zur Freude des Dorfes bald mit ihrer grausamen Ermordung. Dieses Buch inspirierte ab ungefähr 1900 bis in die 1970er Jahre diverse Nachahmer.[103]

Solch schwarze Pädagogik wird vor dem Hintergrund weitverbreiteter apokalyptischer Stimmungen nachvollziehbar, wie sie viele Intellektuelle des 19. Jahrhunderts pflegten und öffentlich kommunizierten. Der Kulturpessimismus blühte angesichts der ersten als solche empfundene Globalisierung ökonomischer und politischer Mechanismen, denen die einzelnen Gesellschaften und in ihnen das Individuum hilflos ausgeliefert schienen.[104] Aus der Jugend als bürgerlicher Hoffnung wurde zunehmend eine Generation der bürgerlichen Bedrohung.

Das Kaiserreich bis zum Ende des Ersten Weltkriegs

Immerhin auf der normativen Ebene kann man auch für das Kaiserreich davon ausgehen, dass Rufe nach Strafe und nicht nach »bürgerlicher Verbesserung« immer lauter wurden. Herbert Reinke sprach bereits 1992 vom »Polizeistaat«, der sich nicht erst nach der Reichsgründung vor allem in den Großstädten bemühte, systematisch alle Lebensbereiche zu kontrollieren.[105] Nach ca. 20 Jahren pädagogischer und juristischer Debatte erließ der Staat 1878 ein »Gesetz zur Unterbringung verwahrloster Kinder in Erziehungsanstalten«, das sogenannte »Zwangserziehungsgesetz«. Man wollte damit der – angesichts der sozialen Missstände – auch unter Kindern und Jugendlichen stark steigenden Kriminalitätsrate begegnen. Ein Teil dieser Kinder sollte in die von den christlichen Konfessionen getragenen »Rettungshäuser«, beispielsweise das 1830 gegründete »Rauhe Haus« in Hamburg, aufgenommen werden, doch sollten auch neue staatliche bzw. kommunale Anstalten zur »Zwangserziehung« errichtet werden. Die Debatte darüber wurde auch und gerade nach Einführung des Gesetzes in den pädagogischen Zeitschriften intensiv geführt. Nach der Jahrhundertwende sollten erste Erfahrungsberichte aus solchen Heimen – immer aus Perspektive von Pädagogen – die Effektivität dieser Anstalten unter Beweis stellen.

Die zur selben Zeit in allen Teilen des Reiches erscheinenden Polizeihandbücher und lokalen Polizeiverordnungen wiesen als Aufgabenbereiche der neugeschaffenen »Eisenbahnpolizei« und der »Post- und Telegraphenpolizei« zu, ähnlich der »Gesundheitspolizei« Schäden eigenständig zu ermitteln bzw. durch möglichst engmaschige Kontrollen zu verhindern.[106] Als besonders unkontrollierbar stellte sich den Behörden in mehrfacher Hinsicht nach wie vor »die Jugend« dar, deren Aktivitäten zum Beispiel von einer »Schulpolizei«, einer Flut von Verordnungen und diversen weiteren Behörden gesteuert werden sollten. Voraussetzung dafür war auch eine erhöhte Aufmerksamkeit der Bürger, die durch Beschwerden und Meldungen die Polizei auf die Spur »unordentlicher Jugendlicher« und ihnen unterstellter zerstörerischer Handlungen bringen sollten. Erste Untersuchungen dieser systematischen Polizeiaktivitäten ergaben für Köln, Düsseldorf und weitere rheinische Städte, dass in den Polizeiberichten gerade den Verstößen gegen die »äußere Ordnung« große Aufmerksamkeit gewidmet wurde und zu diesem Aspekt auch reichlich schriftliche Beschwerden von Bürgern eingegangen waren.[107] Sachbeschädigungen wurden dabei als Symptome eines wachsenden Sicherheitsproblems anständiger Bürger wahrgenommen, die sich von außer Kontrolle geratenen (männlichen) Jugendlichen bedroht fühlten. Darum wurde verstärkt versucht, Eltern besonders in die Pflicht zu nehmen. Bei der Polizei wurden bereits vor dem Ersten Weltkrieg eigene Statistiken über Strafverfügungen gegen die Erziehungsberechtigten geführt. Ein enger Zusammenhang wurde unter Berufung auf pädagogische Erkenntnisse zwischen »Schule schwänzen« und Zerstörungslust angenommen.[108] Trotz dieser rigiden Maßnahmen setzten Gerichte klare Grenzen, wenn nicht züchtigungsberechtigte Erwachsene ein Kind auf frischer Tat ertappten und schlugen. Solche »Frechheit« und »Verwegenheit« wurde durch alle Instanzen hart bestraft. So lautete ein zum Maßstab gewordenes Urteil des OLG München vom 11. Februar 1885: »Eine gesetzliche Bestimmung, wonach Jedermann befugt ist, eine jugendliche Person wegen verübten Muthwillens etc. auf der Stelle zu züchtigen, besteht nicht.«[109]

Angesichts der offenbaren Dimension anonymer Beschädigungen wurden in der Praxis schließlich konkrete, schon von den Aufklärern ausgeführte Anregungen, aufgegriffen – allerdings nur die politisch unverfänglichen. So sollte künftig auf eine ›vandalismusresistente‹ Bausubstanz geachtet werden. Der bekannte Düsseldorfer Bildhauer Karl Janssen formulierte in Bezug auf ein von ihm geplantes Reiterstandbild Wilhelms I. 1889: »Ein Denkmal muß [...] nicht bloß dem Zahn der Zeit, sondern auch der rohen Zerstörungslust des eigenen Volkes [...] Trotz bieten« und dürfe darum nur aus »Granit, Erz und Eisen« bestehen.[110] Er und auch andere Zeitgenossen fragten sich allerdings nicht, warum in einer angeblich durchweg patriotischen Nation wie der »glücklich und siegreich vereinigten« deutschen, sich diese »Zerstörungslust«, hohen Strafen zum Trotz, ausgerechnet gern und häufig gegen steinerne Repräsentationen des eigenen Kaisers und der nationalen Größe richtete.

Parallel zu den intensiven polizeilichen und praktischen Maßnahmen gegen von »unkontrollierbaren Jungen« angerichtete Schäden schwollen der juristische und der interdisziplinäre religiös-patriotisch motivierte Diskurs wieder an. Seit den 1870er Jahren wurden immer detailliertere Kriminalstatistiken geführt, die eine extreme Zunahme von Jugendkriminalität und Sachbeschädigungen auswiesen, welche sich allerdings proportional zum Bevölkerungswachstum verhielt.[111] Zwischen 1885 und 1918 verdreifachte sich die Zahl der verurteilten Jugendlichen, um dann bis 1928 weit unter den Stand von 1910 abzusinken. Eine Rolle spielte dabei die Heraufsetzung der Strafmündigkeit von 12 auf 14 Jahre ab 1923. In den Kriminalstatistiken wurde Sachbeschädigung »aus bloßem Muthwillen« immer gesondert betrachtet und bald sogar nach Alterskohorten und Familienstand aufgegliedert.[112] Und in der Tat wurde jedes dritte Urteil in der Gründerzeit wegen Brandstiftung oder Sachbeschädigung gegen einen Jugendlichen verhängt. Darin nicht enthalten sind die Verfahren wegen »groben Unfugs«, womit traditionell Bagatelldelikte gemeint waren, die nicht spezifiziert wurden, weil der beschädigte Gegenstand einen materiellen Mindestwert nicht erreichte.

Durch diese definitorische Unterscheidung geriet der Großteil der alltäglichen vandalistischen Akte aus dem Blick der Strafbehörden. Die Differenzierung zwischen »bösem Mutwillen« bei national oder ökonomisch wertvollen Gegenständen und »grobem Unfug« bei minderwertigen mag eine Erklärung dafür sein, warum im 19. Jahrhundert auch schon vor Einführung der Kriminalstatistiken Vandalismus gegen einfache Gebrauchsgegenstände keinerlei Debatten auslöste. »Grober Unfug« wurde zum entwicklungsspezifischen Jugenddelikt naturalisiert und damit politisch bedeutungslos; Erwachsene wurden als Täter nicht einmal mehr in Erwägung gezogen.

Obwohl 99 Prozent aller Jugendlichen strafrechtlich unauffällig blieben, machten Theologen, Pädagogen, Ökonomen und Juristen um die Wende zum 20. Jahrhundert in Streitschriften, Artikeln in pädagogischen und nationalökonomischen Zeitschriften, in Dissertationen und auf Tagungen unter Berufung auf die bedrohlichen Statistiken immer wieder dieselben Ursachen für »das Anwachsen der Roheitsdelikte« verantwortlich und zählten typische Symptome auf. Dazu gehörte, neben mangelndem Respekt vor Autoritäten, gerade auch die Sachbeschädigung. Die Kausalverknüpfung zwischen Sachbeschädigung und »Vernachlässigung« war Teil eines intensiven und auf allen gesellschaftlichen und politischen Ebenen geführten Diskurses der Jugenderziehung und Jugendkontrolle, in dem polyphon über eine »Verrohung«, »Verwahrlosung« und »Verwilderung der Jugend« geklagt und über Abhilfe nachgesonnen wurde.[113] Während die einen die »Kindererwerbsthätigkeit« dafür verantwortlich machten, die zur seelischen Abstumpfung führe, sahen die anderen sich eher durch herumlungernde untätige Jugendliche bedroht. Gemeinsam wurde allerdings – wieder einmal – massiver Bedarf an besserer Bildung konstatiert.[114] Es erschienen Ratgeber mit Titeln wie »Fürsorge für Kinder in schulfreier Zeit« (Hamburg um 1892), die mehr oder weniger polemisch gegen die berufstätigen Mütter Stellung bezogen. Diese Debatte der »moralischen Panik«, wie Frank Kebbedies es nannte, ist trotz Phasen der extremen Repression subkulturellen Jugendverhaltens bis heute nicht abgerissen und macht sich öffentlich nach wie vor gern und pauschal an Vandalismusdelikten fest.[115]

Im Kaiserreich waren dabei vier Themen eng miteinander verknüpft: allgemeine Gewaltbereitschaft, Tierquälerei, Diebstahl und Sachbeschädigung. Sowohl bezüglich des Symptomvergleichs als auch bezüglich effektiver Maßnahmen orientierte man sich aufgrund der sozialen und gesellschaftlichen Missstände im Zuge der rasanten Industrialisierung, gerade in den Großstädten, früh an der Situation in Großbritannien und den USA.[116] Zwischen den 1890er Jahren und dem Ersten Weltkrieg entstand eine Vielzahl soziologischer und kriminologischer Studien zu verschiedenen Aspekten von »Verrohungsphänomenen«, die sich empirisch legitimierten. Diese sozialwissenschaftlichen Arbeiten wiesen zwar rapide steigende Tendenzen nach, verschwiegen dabei aber auch innergesellschaftliche Ursachen nicht. So wurden mehrbändige und international reflektierende Untersuchungen wie die des sozial engagierten Berliner Amtsrichters Paul Felix Aschrott (1856–1927)[117] oder des österreichischen Verwaltungsrechtlers Heinrich Reicher (gest. 1910)[118] in Fachzeitschriften wie den *Jahrbüchern für Nationalökonomie und Statistik* oder dem *Archiv für öffentliches Recht* äußerst positiv rezensiert. Aschrott, zum Beispiel, hatte mehrere Reisen in die USA und England dazu genutzt, sich mit Fragen der Strafrechtsreform, Wohnungsnot, Armengesetzgebung und der Jugendfürsorge zu beschäftigen.

Auffällig ist für die Kaiserreichszeit, dass es – wie schon in der Aufklärung – primär aktive Juristen waren, die angesichts ihrer alltäglichen Rechtspraxis und einer als uneffektiv empfundenen Strafrechtslage massiv soziale wie legislative Reformen vom Staat einforderten. Dabei ging es bei Delikten wie Sachbeschädigung und Tierquälerei in der Regel ohnehin erst einmal um die Unterscheidung zwischen Kriminalisierung bzw. Strafverfolgung wegen »bösen Mutwillens« auf der einen und zu erzwingender Jugendfürsorge wegen »groben Unfugs«, vor allem in Form von Entzug der Erziehungsberechtigung und Heim- sowie Pflegefamilienunterbringung von teilweise erst Sechsjährigen, auf der anderen Seite.[119] Während diese sozialreformerischen Bemühungen von den überwiegend konfessionellen Wohlfahrtsverbänden unterstützt und in sozialökonomischen Zeitschriften intensiv rezipiert wurden, schwiegen sich die Pädagogen weiterhin mehrheitlich aus. Zeitschriften wie die *Allgemeine Deutsche Lehrerzeitung*, die *Allgemeine Schulzeitung* oder die *Deutschen Blätter für erziehenden Unterricht* griffen das Thema Verrohung kaum, den Vandalismus quasi gar nicht auf. Nur ein vereinzelter Artikel zur »Sachbeschädigung«, allerdings an Eltern gerichtet, findet sich.[120] Dabei war es doch die Lehrerklientel im strafmündigen Alter von 12 bis 18, die längst im Wesentlichen für die anonymen Zerstörungen verantwortlich gemacht wurde. Allerdings wiesen sämtliche pädagogischen Enzyklopädien der Zeit ausführliche Artikel zu »Mutwille«, »Zerstörungssucht« und »Zerstörungstrieb« auf. Darin wurde zwar zweifelsfrei betont, dass es sich nicht um angeborene, sondern um sozial erworbene Eigenschaften handele, denen es durch Erziehung Herr zu werden gelte, doch war der Ton insgesamt pessimistisch, die ausgewählten Stichwörter beschrieben fast ausschließlich negative Eigenschaften der Jugend, wie »stumpfsinnig, streitsüchtig, träge, tückisch, überspannt, ungeschliffen, unhöflich, verdrießlich, verleumderisch« etc.[121] Dieser Tenor hielt sich bis in die 1930er Jahre.[122] Das Problem galt als durchaus erkannt und wirkte sich dauerhaft auf das Schülerbild aus. In den älteren pädagogischen Lexika des 19. Jahrhunderts fehlten solche negativen Lemmata noch völlig. Stattdessen stößt man dort auf positiv besetzte Einträge wie »Vertrauen in die Jugend«, den »Trieb zum Wohlwollen« oder neutralere Begriffe wie »Affecte« und »Begierden«.[123]

Massenmedial wurde das Thema nach der Jahrhundertwende den populistischen Streitschriften von Kleinstadtpfarrern überlassen, die mit reißerischen Titeln wie »Die Verrohung der Jugend« oder »Himmelschreiende Sünden« plakative Schuldzuweisung betrieben. In solchen Traktaten tauchen dann um 1900 auch erstmals englische Termini wie »Rowdytum« und der Ruf nach Erziehungsheimen im Stile der englischen *industrial schools* auf, die nicht mit den deutschen »Industrieschulen« des 19. Jahrhunderts verwechselt werden dürfen.[124] Offenbar nahmen die rein moralisch argumentierenden Autoren durchaus Notiz von den frühen sozialreformerischen Diskursen, die stark an England orientiert waren. Allerdings wurden die in diesen Diskursen bereits artikulierten sozial- und wohnungsbaureformerischen Forderungen der Juristen nicht aufgenommen – im Gegenteil. Einig waren sich die nationalkonservativen Autoren theologischer Provenienz nach wie vor darüber, dass neben mangelhafter Erziehung durch gleichgültige Eltern, die Berufstätigkeit der Mütter, wachsende A-Religiosität oder auch »Rohheitszenen und Beschreibungen [...] in den Marionetten- oder sogenannten KasperlTheatern [und] in der Bilderpresse« für die zunehmende Gewaltbereitschaft gegen Menschen, Tiere und Sachen verantwortlich zu machen waren.[125] Hier trafen sich der Verrohungsdiskurs und der mindestens ebenso intensive Schund-und-Schmutz-Diskurs der Zeit.[126] Die mediale Banalisierung und Bagatellisierung von Zerstörungen durch deren Theatralisierung und Humorisierung galt den populären Moralisten als zentrale Ursache einer von ihnen beobachteten »Gleichgültigkeit und Gefühlsroheit«, auch gegenüber öffentlichen Besitztümern, für die man keine anderen Erklärungen finden konnte oder wollte. Die differenzierte Gesellschaftskritik an sozialen und schulischen Ungerechtigkeiten, inhumanen Lebensbedingungen in den Städten, an fehlender und schlechter Ausbildungspolitik, die viele Akademiker übten, wurde von den Populisten ignoriert. Stattdessen lieferte man reißerische Beschreibungen extremer Zerstörungs- und Gewaltorgien aus der Tagespresse, gewürzt mit entsprechenden Statistiken, und baute so ein Bedrohungsszenario ungezügelter Jungmännerhorden auf, die sich tagtäglich wilden Alkohol- und sexuellen Exzessen hingaben, wenn sie nicht gerade Tiere quälten oder öffentliche Anlagen verwüsteten. Die aufgeregten Pfarrer appellierten weniger an staatliche Reformen als an privates Engagement seitens autoritärer Familienväter und gestrenger Lehrerschaft. Außerdem forderten sie mehr Befugnisse für die Kirche, zum Beispiel in Form von Schulvisitationen und curricularer Richtlinienkompetenz. Familie, Kirche und Schule trügen die Aufgabe der Normenvermittlung gemeinsam auf ihren Schultern, die Justiz versage, da sie zu milde urteile.

Diese Ansicht hatte 1912 auch der Pastor und engagierte Jugendseelsorger von St. Pauli, Clemens Schultz (1862–1914), in seiner 40-seitigen Streitschrift vertreten, mit der er den Terminus des »Halbstarken« für 15- bis 22-Jährige zwar nicht erfand, aber doch in den Wissenschaften popularisierte.[127] »Er will eben das Gemeine, und das Gemeine ist ihm Lebenslust [...]. Es gab keine Roheit, keine Sünde, keine Niederträchtigkeit zu der diese Halbstarken nicht bereit sind, wenngleich sie sich, fast möchte man sagen leider, von einem wirklichen Verbrechen noch fern halten, so daß man sie, wenigstens auf längere Zeit, nicht unschädlich machen kann.« Halbstarke sind der »geschworene Feind der Ordnung«.[128] »Alles Schöne und Geordnete ärgert ihn [den Halbstarken]; [...] es reizt ihn direkt zur Sünde, löst in ihm die Freude am Zerstören aus, und wenn es auch nur jener Vandalismus wäre, der zerstört, um zu zerstören, ohne den geringsten Vorteil zu haben.«[129] Sachbeschädigungen und Tierquälerei traten bei Schultz – wie in den meisten anderen Schriften zur Jugendgefährdung – zugunsten sittlicher Risiken jedoch in den Hintergrund. Trotzdem verteidigte Schultz solche Täter, denn so einer »ist vielleicht mehr ein Unglücklicher als ein gänzlich verworfener Mensch [...], zumal ich nachweisen kann und will, wie jene unglückliche Jugend meistens deshalb so geworden ist, weil ihr im Kindesalter Liebe gefehlt hat«.[130]

Da Gruppen offensichtlich untätiger junger Männer, »die aus allen Kreisen der menschlichen Gesellschaft kommen«, aber immer aus »schlimmsten häuslichen Verhältnissen«, Teile des öffentlichen Raumes okkupierten, und zwar jene Gegenden der Städte, die ohnehin durch Schmutz und Vernachlässigung gekennzeichnet waren, fiel der Verdacht bei Beschädigungen zuerst auf diese »Cliquen«, den »Mob«. Ein Bestreben der vereinigten Ordnungskräfte war es darum, diese Jugendlichen im Wortsinne ›von der Straße‹ zu bekommen.[131] Dieser dezidiert moralisch-pädagogische Aspekt fehlte wiederum völlig in den juristischen Studien, die höchstens den exzessiven Alkoholkonsum bei Sachbeschädigungen betonten und damit eine weitere Erklärung für scheinbar sinnlose Zerstörungen lieferten. Allein zwischen 1902 und 1917 erschienen 15 juristische Dissertationen zum Tatbestand der Sachbeschädigung, die sich diesbezüglich kaum voneinander unterschieden. Zwei waren bereits 1893 und 1896 erschienen, weitere drei dann 1921, 1922 und 1924; acht erschienen dann erst wieder zwischen 1931 und 1935.

Vandalistische Umtriebe stellen in den wissenschaftlichen Arbeiten über männliche Jugendliche sowie über die Gefahren nicht-normenkonformen Verhaltens im Gegensatz zu den populären nur einen Aspekt unter vielen dar. Sicherheitsirrelevante Sachbeschädigungen mochten im Vergleich zu mächtigeren ordnungsgefährdenden Klischees wie »Zuchtlosigkeit« und »Arbeitsscheu« nicht wirklich furchteinflößend wirken und wurden weiterhin meist als »Unfug« marginalisiert. Aber als Warnsignal eines drohenden Absturzes in Gewaltkriminalität und Sittenlosigkeit galten heimliche Beschädigungen, die auch noch feige, quasi aus dem anonymen Hinterhalt heraus geschahen, den Wissenschaftlern durchaus. Für populistische Moralisten und den wachsenden Chor der Zivilisationspessimisten hingegen stellten diese Delikte – gerade in den chaotischen

Jahren während des und nach dem Ersten Weltkrieg – eines der wenigen nach außen dramatisch sichtbaren Symptome gesellschaftlicher Degenerationstendenzen dar.[132] Man fürchtete, die »grauenvolle[n], beängstigende[n] Bilder« der neuen »kinematographischen Darstellungen vom Kriege« würden die Kinder davon überzeugen, »auch hier in der friedlichen Heimat sich ganz ähnlich benehmen zu müssen, wie es unsere Krieger dort draußen tun, die doch zu allen ihren Taten nur durch zwingende Notwehr getrieben worden«.[133] Im Krieg, so formulierte es später unter Berufung auf einschlägige Statistiken ein Jurist ungewöhnlich deutlich, sei die Zahl der registrierten Sachbeschädigungen im Gegenteil rapide gefallen. Weil »der größte Teil der männlichen und jüngeren Bevölkerung im Felde stand und sich dort in der Zerstörung und Vernichtung von Sachwerten in größtem Ausmaße austobte, die aber nicht der Übermut, sondern die Pflicht zu tun gebot«.[134]

Damit hatte die mutwillige Sachbeschädigung am Beginn des Ersten Weltkriegs kaum noch mit jenem harmlosen, wenn auch schädlichen »Unfug« zu tun, der im 17. und Teilen des 18. Jahrhunderts jedem männlichen Jugendlichen aus Langeweile, als Mutprobe oder aus Dummheit – wenn auch zähneknirschend – als Teil einer Lebensphase zugestanden worden war. Vandalismus war zum Politikum geworden, allerdings nicht in der Art, wie es den Verfassern der Preisschriften von 1789 vorgeschwebt hatte. Denn nicht politische oder soziale Reformen wurden ernsthaft erwogen, sondern Kontrolle, Zwang und Züchtigung galten spätestens gegen Kriegsende als Mittel der Wahl. Von der wachsenden Zahl an armen, arbeitslosen und ungebildeten Jugendlichen ging für Pädagogen, Theologen, Juristen und andere intellektuelle Meinungsbildner eine potentielle Bedrohung aus.[135]

Erst nach dem verlorenen Krieg gab es vereinzelt auch nachdenkliche Stimmen. So schrieb der Pädagoge Wilhelm Dolles 1920 im Zusammenhang mit dem massenhaften Auftreten von Ungehorsam und »Lausbübereien«, die neuerdings bei der männlichen Jugend zu beobachten seien: »Nicht nur die Kriegserscheinungen und die in ihr auf die Spitze getriebene Konsequenz haben eine solche Unmasse von Psychopathien entstehen lassen, sondern sie sind ein Symptom der allgemeinen Zeitpsychose [...].«[136] Damit war der jugendliche Vandalierer immerhin in der Mitte einer »sozial kranken« Gesellschaft, wie Dolles es sah, angekommen.

Weimarer Republik

Eine öffentliche Auseinandersetzung mit Vandalismus fand in der Zeit nach dem Ersten Weltkrieg und während der großen Wirtschaftskrise kaum statt. Jugendlichkeit galt einerseits als Heilsversprechen für eine bessere Zukunft, die jungen Veteranen andererseits als verlorene Generation.[137] Auf dem Gebiet der popularisierten Kriminalität dominierten in Malerei, Literatur und der explodierenden Presselandschaft eher reißerische Themen, etwa der sogenannte »Lustmord«. Gewalt gegen Menschen in all ihren Facetten faszinierte insbesondere psychoanalytisch und sozialistisch inspirierte Jugendforscher wie den Wiener August Aichhorn (1878–1949) und den Hamburger Curt Bondy (1894–1972). Sie fragten nach den tiefer liegenden Ursachen von Gewaltverhalten und der Sittenlosigkeit der Kriegsgeneration.[138] Sachbeschädigung erschien nach den kollektiven Gewalterfahrungen und moralischen Verwerfungen des Weltkrieges marginal. Allerdings wurde in jugendpsychologischen Schriften, wenn sie sich mit den Auswirkungen der sozialen Entwurzelung nach dem Krieg beschäftigten, immer auch nach dem Zusammenhang von »Unfug« gefragt, der durch gelangweilte und orientierungslose Jungen angestellt wurde und nach dem Übergang solcher Ordnungswidrigkeiten in »gewohnheitsmäßige« Kriminalität junger Menschen. Studien, die Einblicke in die elenden Lebensbedingungen städtischer männlicher Jugendlicher in Zeiten der »Jugenderwerbslosigkeit« der Weimarer

Zeit gewähren, zeigen, welch innergesellschaftliche Bedrohungsszenarien von Pädagogen und Kriminologen für die Kinder des Krieges daraus abgeleitet wurden.[139] Die Vorurteile, Unterstellungen und öffentlichen Klagen über das Verhalten der Jungen seitens der Sozialpolitiker, aber auch der konkret mit der »Jugendpflege« befassten staatlichen wie kirchlichen Organisationen und Wohlfahrtsverbände, beinhalteten auch Gewalt gegen Sachen. So wurden einzelne Vorfälle, wie zum Beispiel Steinwürfe auf elektrische Straßenbahnen, generalisierend als Heimtücke und Perversionen einer unkontrollierten Freizeitgestaltung interpretiert.[140] Deutlich zeigt sich, dass der Umgang mit nichtkonformer Jugend im Kern von den diversen politischen Umwälzungen kaum tangiert wurde. Angstbesetzte Vorstellungen von »Verwahrlosung« und »Zerstörungswut« auf der einen bzw. Ideale von Fleiß, Gehorsam und Ordnungsliebe auf der anderen sich hatten sich seit dem Kaiserreich nicht wesentlich verändert. Jugendliche Massenarbeitslosigkeit, die eine weitere Zunahme des schon früher beklagten »Herumlungerns« und »Eckenstehens« Halbwüchsiger zur Folge hatte, wurde mit »Lust zur Zerstörung« aus Langeweile assoziiert und nicht etwa mit politischer Frustration. Eine Welle der Verwüstungen von beinahe 200 jüdischen Friedhöfen zwischen 1923 und 1932 wurde darum trotz massiver Proteste des »Central-Vereins deutscher Staatsbürger jüdischen Glaubens« von Presse und Ermittlungsbehörden meist als unpolitisch abgetan, zumal oft strafunmündige Kinder als Täter überführt wurden.[141]

Leider gibt es für diese Zeit nur wenige Erhebungen zu tatsächlichen Schäden durch anonyme Sachbeschädigungen, die eine Einschätzung der öffentlichen Erregung ermöglichten. Richard Bessel hat vor einigen Jahren sämtliche Anzeigen, Berichte und Vernehmungen der oberschlesischen Landjägerei für die Jahre 1923 bis 1925 ausgewertet. Daran lässt sich immerhin ablesen, dass auf einem Gebiet von ca. 10000 Quadratkilometern bei einer Einwohnerzahl von 1,4 Millionen in jedem der drei Jahre nur um die 450 Sachbeschädigungen gemeldet wurden, zusätzlich allerdings rund 1000 Schädigungen in Feld und Forst, die wohl mehrheitlich auf akute Versorgungsnot zurückzuführen sind. Im Vergleich dazu wurden zwischen 3500 und 5500 Diebstähle angezeigt und immerhin um die 130 Morde pro Jahr.[142] Der Anteil Jugendlicher an Verurteilungen wegen Sachbeschädigung lag in den 1920er und Anfang der 1930er Jahre bei 3,7 Prozent und sank bis 1936 sogar auf 2,8 Prozent ab.[143] Solche statistischen Auswertungen, ebenso wie die gröber gefassten »Statistischen Jahrbücher des Deutschen Reiches«, verraten leider dennoch nichts über den tatsächlichen Vandalismus, denn leichte Fälle von Sachbeschädigung gingen bereits nach 1931 in allen Altersklassen stark zurück, weil der Reichspräsident per Notverordnung aus Kostengründen solche Verfahren – ganz im Sinne der traditionellen Deutung als »Unfug« – nur noch als Privatklagen zugelassen hatte.[144] Jedoch dürfte sich auch das Anzeigeverhalten – ebenso wie heute – in Grenzen gehalten haben, zum einen, weil die Verursacher kaum ermittelbar waren, zum anderen, weil Schäden an öffentlichem Eigentum von den Bürgern, zumal in den Jahren der Wirtschaftskrise, sicherlich nicht als in ihre soziale Verantwortung fallend betrachtet wurden. Entsprechend gering ist nach bisheriger Kenntnis daher auch die intellektuelle Auseinandersetzung mit dem Thema Vandalismus. Weder publizierten Weimarer Pädagogen und Theologen wissenschaftlich speziell dazu, noch erschienen zwischen 1925 und 1931 juristische Dissertationen zu diesem Thema. Nur eine Auswertung der lokalen Tagespresse könnte nähere Aufschlüsse über die allgemeine öffentliche Wahrnehmung und das tatsächliche Vorkommen anonymer Sachbeschädigungen in den Weimarer Jahren liefern.

Nationalsozialismus

Während der Zeit des Nationalsozialismus scheint sich allein der pädagogische Psychologe Arthur Kießling in einem Vortrag über »jugendlichen Unfug«, den er 1933 auf einem Psychologenkongress gehalten hatte, mit Vandalismus beschäftigt zu haben. Darin berief sich der Lehrerausbilder auf über 1000 Fälle, die er in 14 Jahren an Schulen und Universitäten gesammelt hatte, und beklagte, dass sich außer den Juristen niemand je wissenschaftlich mit dem Problem beschäftigt habe.[145] Kießlings auf tiefen moralischen Überzeugungen basierender erziehungswissenschaftlicher Artikel in der vielgelesenen *Zeitschrift für pädagogische Psychologie und Jugendkunde* konzentrierte sich auf die tieferen Motive hinter scheinbar harmlosem »Unfug«. Solche Handlungen richteten sich »stets gegen eine bestehende Ordnung«, was er als »destruktive Tendenz« bezeichnete.[146] Er war der Erste, der mit sozialwissenschaftlichem Anspruch den »Gemeinschaftscharakter« solcher Taten herausstellte, zwischen »Bandenunfug« und »Kameradschaftsunfug« (zweier Freunde) unterschied, männliches Imponiergehabe betonte und den »Heiterkeitsfaktor« beim »Unfugpublikum« als elementar bezeichnete. Darum müsse bei der »Wertblindheit bzw. Wertschwäche, die für den Jugendlichen eigentümlich ist«, erzieherisch angesetzt werden.[147] Kießling warb also für Verständnis gegenüber einer juvenilen Entwicklungsphase. Den Nationalsozialisten hingegen erschien ein Phänomen wie Vandalismus marginal, als bloßer Ausfluss eines vielfältig asozialen Verhaltens und darum auch nur im Zusammenhang mit gravierenden Normverstößen zu behandeln. Auch im traditionell am Thema stark interessierten Bereich der Kriminalwissenschaften war das Forschungsinteresse geschwunden. So entstanden mit älterem Datenmaterial zwischen 1931 und 1935 noch zehn juristische Dissertationen zur Sachbeschädigung, 1936 eine weitere programmatische zum »groben Unfug«, doch danach bis 1971 keine einzige mehr!

Wie andere Themen auch wurde die Sachbeschädigung von der NS-Regierung in doppelter Hinsicht politisiert: Beseitigung unliebsamer Oppositioneller bei gleichzeitiger Selbstdarstellung als Garantin für innere Sicherheit und Ordnung. Nicht erst im Krieg galt jegliche Beschädigung öffentlicher Gegenstände als »Sabotage« am »Volkseigentum« – die Staatspolizei zählte auch diesen Bereich zu ihrem Aufgabengebiet. Neue Verordnungen, wie die nach dem Reichstagsbrand »zum Schutz von Volk und Staat« vom 28. Februar 1933, bedrohten Brandstiftung und die Beschädigung von Eisenbahnanlagen mit dem Tode.[148] Die ebenfalls bereits 1933 eingeführten Sondergerichte konnten solche Prozesse ohne das übliche Rechtsverfahren wie Vorermittlungen, mündliche Verhandlung oder ordentliche Ladungsfristen durchführen.[149] Neben Zwangsgeldern für Erstvergehen und Bagatelldelikte drohten auch für andere Handlungen schon bald »Schutzhaft« oder gar die Todesstrafe. Eine weitere heikle Rechtsvorschrift stellte die im September 1939 erlassene »Volksschädlingsverordnung« dar. Grundsätzlich konnte danach für quasi jede Handlung die Todesstrafe verhängt werden. Alle Straftaten nach Einbruch der Dunkelheit, in deren Schutz viele Sachbeschädigungen begangen wurden, konnten wegen »Ausnutzung der zur Abwehr von Fliegerangriffen getroffenen Maßnahmen« – der Verdunkelung – strafverschärfend wirken.[150]

Zur Sabotage gab es 1935 und 1938 politisch linientreue neue Dissertationen.[151] Trotzdem gingen bis 1939 die Verurteilungszahlen Jugendlicher weiter stark zurück. Strafbefreiungsgesetze – aus Kostengründen eilig erlassen – schönten die Statistiken der Nazis auch in dieser Hinsicht.[152] Dennoch kam es durchaus schon vor Kriegsbeginn zu Verurteilungen Jugendlicher wegen »groben Unfugs« und Vandalismus unter Berufung zum Beispiel auf die »Reichstagsbrandverordnung«. Solche Anklagen waren ein effektives Mittel, um nonkonforme Jugendgruppen zu kriminalisieren und unter dem Deckmantel des Kampfes gegen Sabotage die Verfolgung unliebsamer Personen und Gruppen formaljuristisch zu legitimieren.

Auf der anderen Seite war es elementarer Bestandteil der Aktionen von SA und Gestapo, bei Razzien und anderen Einschüchterungsversuchen gegen politisch oder »rassisch« unliebsame Mitbürger deren Besitz zu beschmieren, zu beschädigen oder gar zu zerstören. Mithin wäre es propagandistisch nur kontraproduktiv gewesen, einen öffentlichen Diskurs über »Vandalismus« als Symptom für moralischen Verfall abweichender Gesellschaftsmitglieder anzustoßen. Gewalt gegen Sachen wie Kunstwerke, Bücher, Denkmäler und Gebäude war ja gerade ein wesentlicher und demonstrativer Teil der nationalsozialistischen Herrschaft, die schließlich im »Führerbefehl« vom 19. März 1945 zur

Zerstörung aller »Sachwerte innerhalb des Reichsgebietes«, die »dem Feinde« nutzen könnten, ihre zynische Entsprechung fand.[153]

Zu den Sabotagevorwürfen, zur Ausgrenzungspolitik und zur Jugendkriminalisierung liegen zwar Untersuchungen vor, allerdings fehlt es noch an empirischer Forschung zum konkreten Umgang mit den im Nationalsozialismus vage, aber allumfassend als »asozial« oder »gemeinschaftsfremd« etikettierten Jugendlichen, denen je nach Bedarf verschiedene Gesetzesbrüche, eben auch Sachbeschädigung, unterstellt wurden.[154]

Erste Untersuchungen zu den Jugend-Konzentrationslagern »Moringen«, »Uckermarck« und ähnlichen »Bewahranstalten« zeigen immerhin, wie systematisch die Jugendämter daran mitwirkten, sogenannte »asoziale« und »kriminelle« Jugendliche beiderlei Geschlechts ab 13 Jahren für eine entsprechende Haft vorzuschlagen. Im Nationalsozialismus wurde der Kreis der einweisungsberechtigten Behörden erheblich erweitert, deren Aktivitäten und vor allem deren Auswahlkriterien jedoch bislang kaum untersucht. Interviews mit ehemaligen Jugend-KZ-Insassen zeigten, dass man ihnen die Hintergründe ihrer Verhaftung fast nie eröffnete; die Akten wurden vernichtet.[155] Unter den vielfältigen Beschuldigungen taucht das angeblich typische Jugenddelikt der mutwilligen Sachbeschädigung gelegentlich als unterstelltes Begleitsymptom auf. Inwieweit bestimmte Handlungen dabei auf eine Art ›private Versorgungsdemontage‹ zurückgingen, wie sie dann in der Nachkriegszeit vor allem in den zerbombten Städten allgemein üblich wurde, oder als bewusste Provokation zu Gruppenritualen gehörten, ist unklar.[156]

»Nach einem Bericht des stellvertretenden Leiters der RKPA [Reichskriminalpolizeiamt], Paul Werner, aus dem Jahr 1944 lebten von den ersten 1000 Häftlingen über 50 % vor ihrer Haft in Moringen in Fürsorgeerziehungsanstalten, 716 Jungen waren wegen einfacher Eigentumsdelikte vorbestraft. Für das Lager Uckermark wurden von der Lagerleiterin Toberentz im Jahr 1945 ähnliche Zahlen genannt.«[157] Allerdings saßen definitiv einige Jungen und sogar Mädchen wegen »Sabotage« in Moringen bzw. Uckermarck ein.[158]

Dort versuchten Kriminalbiologen, vor allem der wegen seiner ›Zigeunerexperimente‹ berüchtigte Robert Ritter, durch individuelle Fallanalysen Schablonen und Raster für Typen »biologischer Verworfenheit« verhaltensauffälliger Jugendlicher zu entwickeln.[159] »Saboteure« fielen in Moringen unter den angeblich hoffnungslosen Typus des »Störers«, für den ein eigener »S-Block« vorgesehen war, dessen Insassen auf Dauer in Erwachsenenlager verbracht wurden.[160] Ritter schrieb 1942, nach Untersuchung verschiedener einsitzender Jungen, in einem Artikel zur »Artung jugendlicher Rechtsbrecher« und deren »disziplinlosem und asozialem Verhalten«: »Wenn sie sich strafbar machen, so vorwiegend wegen Arbeitsbummelei, Landstreicherei und Bettelns, wegen Diebstahls und Betrugs, aber auch wegen Beleidigung, Sachbeschädigung, Hausfriedensbruchs sowie wegen wiederholter Verstöße gegen die Sittlichkeit.«[161] Wieder erscheint die Sachbeschädigung als Teil eines umfassenden ›Pools‹ diverser, nun pathologisierter, Normverstöße.

Bereits in seiner 1935 erschienenen juristischen Dissertation mit sozialpsychologischem Anspruch hatte

Heinz Salewski versucht, verschiedene Formen von Sachbeschädigungen auf unterschiedliche Typen von Tätern zurückzuführen. (Das Buch wurde übrigens 1977 gemeinsam mit anderen alten Arbeiten zur Sachbeschädigung in einer rechtshistorischen Reihe wieder aufgelegt.) Salewski definierte bereits 1935 den von Ritter aufgegriffenen »Beschädigungs- und Zerstörungstyp«, den »Krafttyp«, den »Schwächetyp« und weitere »gemischte Typen«. Dabei betonte er im Gegensatz zu Ritter jedoch »Umwelteinflüsse«, Alkoholkonsum und die geringere Relevanz angeborener Eigenschaften. Für Salewski sorgten situative Faktoren dafür, dass sich »gesunde Empfindungen soweit verzerren, dass z.B. drei junge Burschen 36 Bilder an den Seiten des Dorfkarussells zerschneiden«.[162] Er warnte davor, dass »jeder Täter durch die Vernichtung von Vermögenswerten mehr oder weniger die moralische Volksgesundheit erschüttert«. Darum plädierte auch Salewski für eine Strafverschärfung, obwohl er an deren Wirkung zur Senkung der Deliktzahlen nicht glaubte. Um härtere Strafen zu begründen, zählte er die Sachbeschädigung nicht zu den »Vermögensdelikten«, sondern zu den »Gewalt- und Roheitsdelikten« und berief sich dabei auf die Kriminalpsychologie.[163]

Der schleichende entpädagogisierende Wandel, hin zur pathologisierenden Umgangsweise mit Jugenddevianz,[164] selbst bei kleineren Beschädigungen, passt ins Gesamtbild.[165] Dieser rigide Ansatz sollte sich nach Kriegsende zunächst allerdings kaum ändern, und die Sachbeschädigung spielte dabei weiterhin eine Rolle. Während die Juristen früherer Jahrhunderte deutlich sozial- und gar gesellschaftsreformerische Positionen vertraten, zeichneten sich die im Nationalsozialismus ausgebildeten Juristen zwar durch interdisziplinäre Wissenschaftsrezeption und Argumentation aus, verwendeten diese Versatzstücke allerdings nur, um im Sinne des herrschenden Systems und einer wachsenden Dominanz biologisierender Erklärungsmuster eine umso schärfere Bestrafung der vermutlichen Delinquenten zu fordern.

Nachkriegsgesellschaft

Sämtliche Studien zum Umgang mit Jugenddelinquenz bzw. informellen Jugendgruppen weisen sowohl in personeller als auch in juristischer und ideologischer Hinsicht eine Kontinuität der Sozialkontrollversuche vor 1933, während des Nationalsozialismus und über 1945 hinaus auf. Denn auch die englischen Besatzer richteten »Arbeitserziehungslager« für Heranwachsende ein, denen Jugendbehörden und Polizei zuarbeiteten. Bis zur Währungsreform mit ihrer extremen Versorgungsnot und massenhaften Obdachlosigkeit auch unter Kindern und Jugendlichen waren es in allen Besatzungszonen, genau wie nach dem Ersten Weltkrieg, primär Diebstähle (meist Kohlenklau), Einbrüche, Schwarzhandel und bei den Mädchen Unzuchtsdelikte, die die Behörden gegen Jugendliche vorgehen ließen. Symbolisch überhöhte Ordnungs- und Sauberkeitsvorstellungen prägten in Deutschland die folgenden zwei Jahrzehnte – und dies auf beiden Seiten der Grenze.[166]

Die DDR

Die ersten Jahre der DDR waren auf allen Ebenen in erster Linie durch die Konsolidierung der Herrschaft und die Schaffung einer ›geschlossenen Gesellschaft‹ geprägt.[167] Dazu gehörte – wie im Nationalsozialismus – die Überwachung der Bevölkerung durch verschiedene speziell dafür geschaffene Instanzen. Von

Anfang an war es Teil der Aufgaben der Volkspolizei, in Zusammenarbeit mit den lokalen »Abschnittsbevollmächtigten« (ABVs) die Aktivitäten von als undiszipliniert wahrgenommenen Jugendlichen zu beobachten. Nach den Erfahrungen mit der Schülergruppe des »Eisenberger Kreises« (1953–1958), die Gewalt gegen Sachen als Mittel des Widerstandes gegen die Gleichschaltung begrüßten, wurde jegliche Sachbeschädigung schon früh zum Politikum.[168]

Allen sozialistischen Erziehungsbemühungen zum Trotz schälte sich für DDR-Pädagogen wie Juristen bereits Mitte der 1950er Jahre ein ordnungsgefährdender Typus des »Rowdys« heraus, der seine westliche Entsprechung im »Halbstarken« hatte. Der »Rowdy« wurde hüben wie drüben primär über Cliquenbildung und seine Straftaten definiert, wozu insbesondere die Sachbeschädigung zählte. Zur selben Zeit wie in der BRD berichteten auch in der DDR verschiedene lokale Presseorgane aus Dresden, Stralsund, Wismar, Rostock und vor allem Ost-Berlin über Halbstarkenunruhen und nächtliche Zerstörungen.[169] Darüber hinaus galten in der DDR aber auch unterstellte politische Motive und Westkontakte als charakteristisch für den Rowdy.[170] Diese Gemengelage ermöglichte es von Anfang an, den Schuldigen für die bedrohliche Entwicklung in Teilen der Jugend außerhalb der eigenen Gesellschaft zu suchen. Die Einflüsse westlicher Medien, insbesondere die dort verbreitete »Schmutz-und-Schund-Kultur«, wie Krimis, Groschenromane und Rockmusik sowie amerikanische Kinofilme, galten neben »Resten des Hitlerfaschismus« und »kleinbürgerlicher Anarchie« als die Hauptursachen.[171] Hinter »rowdyhaftem« Verhalten wurde nicht nur einfach schlechter Einfluss einer degenerierten westlichen Gesellschaft vermutet, sondern gezielte »Umsturzversuche«, die »die geistige und moralische Vergiftung unserer Jugend systematisch betrieben« und Ausfluss einer »imperialistischen Gewaltpolitik« seien. Der Berliner Jugendrichter und Oberassistent an der Humboldt-Universität Horst Luther und andere DDR-Juristen und -Pädagogen beobachteten darum auch genau den Umgang der Behörden mit devianten Jugendlichen. Spezifische Publikationen zum Thema Jugenderziehung sollten die eigene Gesellschaft, insbesondere Lehrerschaft und Eltern für die Gefahren sensibilisieren, die von jenseits der Grenze drohten.[172] Durch solche ›Importtheorien‹ war jugendliche Sachbeschädigung in Zeiten des Kalten Krieges im Kern als politische und damit besonders strafbare Handlung definiert.

So wurden in juristischen Sammelbänden, die aus Beiträgen der Fachliteratur speziell für die Ausbildung der Volkspolizei zusammengestellt wurden, als Ursache für Jugendvandalismus gern Fallgeschichten als empirische Belege für westliche Hetze angeführt. Wenn etwa ein angetrunkener 13-Jähriger abends mit einem Freund Straßenlaternen durch Steinwürfe zerstörte, hatten fahrlässige Eltern nicht nur das Kind Alkohol konsumieren und im Dunkeln auf die Straße gelassen, sie hatten auch geduldet, dass der Junge »wiederholt Sendungen des RIAS abhört, in denen die Bonner NATO-Politik gepriesen und u.a. gegen die Gesellschaft für Sport und Technik in der DDR gehetzt wird«. Ein Doktorand der Universität Jena stellte in dieser Studie mehrfach einen kausalen Zusammenhang zwischen Vandalismus und dem ›Abhören von Feindsendern‹ her. Eine unheilvolle Entwicklungskette, deren Dynamik in der Regel primär durch elterliche Defizite bei der Wertevermittlung in Gang gesetzt werde.[173]

Ein Rapport der Hauptverwaltung der deutschen Volkspolizei vom Januar 1960 stellte zu solchen Prozessen gegen Kinder und Jugendliche zusammenfassend fest: »Im Rowdytum liegt nicht nur [...] die Gefahr von Körperverletzung und Sachbeschädigungen, sondern die Gefahr einer schweren, gegen die Staats- und Gesellschaftsordnung der DDR gerichteten Kriminalität. Es besteht die Gefahr der Ausnutzung der bestehenden Gruppen durch die aggressiven imperialistischen Kräfte zur Inszenierung staatsfeindlicher Provokationen. Durch das Rowdytum [...] wird in besonderem Maße die Disziplinlosigkeit, die Macht der kleinbürgerlichen Anarchie gestärkt und die Kraft und Autorität der staatlichen Organe der DDR [...] geschwächt. Das Rowdytum verstärkt die kleinbürgerlich-spontanen Prozesse, es hält besonders junge Menschen von den gesellschaftlichen Problemen des sozialistischen Aufbaus fern und lähmt ihre bewusste gesellschaftliche Arbeit.«[174] Jugendliche Sachbeschädigung wurde nicht nur von der Polizei, sondern auch von Kriminologen als demonstrativer Akt der Staatsbeleidigung verstanden, »die der Täter begeht, um zum Ausdruck zu bringen, dass er die Grundsätze der gesellschaftlichen und staatlichen Disziplin bewusst missachtet, sie nicht anerkennt und dadurch die öffentliche Sicherheit und Ordnung verletzt«.[175] Der Umgang mit Vandalismus orientierte sich dementsprechend an der

Tradition einer Kombination von Strafe und Erziehung, indem Wiederholungstäter in »Jugendwerkhöfen« umerzogen werden sollten, wenn die Eltern bei der Erziehungsarbeit versagt hatten. Staats- und Parteichef Walter Ulbricht forderte zur Bekämpfung von »Rowdytum« und »Bandenkriminalität« sogar die Errichtung von »Arbeitslagern«.[176]

Dieses Verständnis der anonymen Sachbeschädigung als Ausdruck einer antisozialistischen Gesinnung leitete sich aus jahrzehntealten Vorgaben des sowjetischen Strafrechts ab.[177] Ein offizieller Beschluss des 5. SED-Parteitags von 1956 führte schließlich 1968 dazu, dass Rowdytum zur Stärkung und zum Schutz der sozialistischen Disziplin als eigenständige Straftat (§ 215) im neuen StGB der DDR aufgenommen wurde.[178] »Wer sich an einer Gruppe beteiligt, die aus Mißachtung der öffentlichen Ordnung oder der Regeln des sozialistischen Gemeinschaftslebens Gewalttätigkeiten, Drohungen oder grobe Belästigungen gegenüber Personen oder böswillige Beschädigungen von Sachen oder Einrichtungen begeht, wird mit Freiheitsstrafe bis zu fünf Jahren oder mit Haftstrafe bestraft.« Die Rechtsauslegung erfasste selbstverständlich auch »das Zerstören« von Gegenständen sowie »das Beschmieren von Bildwerken oder Denkmälern, die Verschmutzung von Brunnen oder die Einwirkung auf Tiere, wenn deren Gebrauchswert dadurch erheblich beeinträchtigt ist«.[179]

Daneben regelte § 216 gesondert »schwere Fälle« des Rowdytums. Bis zu acht Jahren Haft sollte insbesondere dann jemand erhalten, »wenn [...] das sozialistische Gemeinschaftsleben durch Verbreitung von Unruhe unter der Bevölkerung in besonderem Maße gefährdet wird«.[180] Auch sollten Gruppen schärfer bestraft werden als Einzeltäter. Gerade die auf Bedrohung der politischen Ordnung zielenden Formulierungen waren so vage, dass sie sich für politische Verurteilungen geradezu anboten. Die Paragraphen 217 und 218 widmeten sich denn auch folgerichtig der »Zusammenrottung« und der »Vereinsbildung zur Verfolgung gesetzwidriger Ziele«.

Die verschärfte Strafverfolgung von Sachbeschädigungen und ähnlich minderschweren Delikten wurde wie im Nationalsozialismus bald gezielt zur Zerschlagung von unliebsamen Jugendgruppen eingesetzt. Zum Beispiel wurden nach Einbruch der Dunkelheit eingeworfene Straßenlaternen und Fensterscheiben als gezielte Aktionen bewertet, die – so der Polizeibericht, der wörtlich das erwähnte Gesetz zitiert – »Unruhe unter die Bevölkerung [...] bringen« sollten. Schon früh wurde darum auch eine Zusammenarbeit mit dem Ministerium für Staatssicherheit (MfS) selbstverständlich.[181] Gerade die Jugendorganisation FDJ fühlte sich hier verantwortlich. So hieß es 1969 in einem Grundsatzpapier gleich unter den Punkten 1 und 2: »Wir fühlen uns für die ideologische Gesundheit der gesamten Jugend verantwortlich. Wen meinen wir? Wir haben diejenigen wenigen Jugendlichen im Auge, die durch politische Labilität und Hörigkeit gegenüber den Argumenten des Gegners, durch Arbeitsbummelei und ungenügende Lernbereitschaft und durch Rowdytum auffallen. [...] Die sozialistische Moral gilt für alle [...]. Prahlsucht und Rowdytum sind eines jungen Bürgers der DDR unwürdig. [...] Noch oft bleiben Jugendliche mit negativem, vor allem rowdyhaftem Verhalten, relativ lange unbekannt. […] IM und andere Bürger stellen zwar häufig gesellschaftswidriges Verhalten von Jugendlichen fest, aber es gelingt nur zum Teil, dieser Personen konkret habhaft zu werden.«[182]

Das bereits in den 1950er und 1960er Jahren zum Standardwerk avancierte Buch »Rowdytum in der DDR« von Horst Luther, zählt konkret verbreitete vandalistische Akte auf: »Randalieren in Laubengrundstücken oder auf der Straße, das Abbrechen von Bäumchen und Ästen auf den Straßen, in Parks oder Privatgrundstücken, das Zerstören von Einrichtungsgegenständen in Gaststätten, in Kinos, in Straßenbahnen u.s.w.«[183] Rowdytum wurde so zum Synonym für jugendlichen Vandalismus, konnte aber bei Bedarf sofort politisch aufgeladen werden. Im Gegensatz zu Staatssicherheit und Parteigremien vermutete der pragmatisch orientierte Jurist jedoch neben bewusster Provokation des Staates gelegentlich auch einfache »Abenteuerlust« hinter dem Verhalten mancher Jugendlicher, denn das »Wesen des Rowdytums« sei die »Nichtachtung der gesellschaftlichen Disziplin«.[184] Allerdings befürchtete Luther unter Verweis auf den endemischen Vandalismus in der Sowjetunion und den massiven Alkoholmissbrauch vieler Jugendlicher »die Gefahr des weiteren Abgleitens in andere und schwerere Kriminalität«.[185] Axiomatisch konstatierte der linientreue Richter: »Selbstverständlich liegen auch einer solchen Handlung [Sachbeschädigung, M. L.] ideologische Ursachen zugrunde, denn es gibt keine Handlungen gesellschaftlicher Art ohne solche Ursachen. […] Rowdytum ist ein unmittelbarer Ausdruck der bürgerlichen, individualistisch-anarchistischen Bindungslosigkeit«. Sachbeschädiger »stehen darum immer auf der Seite der Bourgeoisie und nicht auf der Seite der Arbeiterklasse«.[186] Jugendrichter Luther, der auch Kritisches zur Sozialpädagogik in der BRD publizierte und später einer der bekanntesten DDR-Strafrechtler wurde, empfahl, wie schon so viele vor und nach ihm, eine bessere Erziehung, insbesondere durch massive Schulförderung jener Kinder mit »versagenden Eltern«. Unterstützt werden sollte dies durch bessere Kontrolle der Freizeit durch die FDJ, die externe Cliquenbildung im Keim ersticken müsse, sowie durch Kontrolle der Auszubildenden seitens des Kollektivs im Betrieb. Außerdem müssten Scheidungen erschwert werden.[187] Verfahren und Strafen gegen Ertappte sollten zügig innerhalb von 48 Stunden, öffentlich und in Gegenwart von Kollegen, Jugendfunktionären und anderen Personen aus dem sozialen Umfeld abgewickelt werden. Statt Gefängnis empfahl er Jugendarrest von bis zu einem Monat und körperliche Arbeit. Das Problem dürfe jedoch nicht bagatellisiert werden, da es sich eben um den Missbrauch der eigenen Jugend von außen für staatszerstörende Zwecke handele.[188]

In der DDR wie in der BRD versuchten erstmals auch Filmschaffende und Schriftsteller das Problem auf ihre Weise in die Öffentlichkeit zu bringen. Der schnell große Popularität (1,5 Millionen Zuschauer in nur drei Monaten) erzielende DEFA-Film »Berlin – Ecke Schönhauser« (1957) von Gerhard Klein war in der DDR allerdings heftig umstritten, auch weil in einer Szene einer der Protagonisten als Gegenleistung für eine Westmark eine Laterne einwirft. Dieser zwar polizeilich geahndete Akt von »Rowdytum« löst in der Folge viele dramatische Entwicklungen aus und bildet retrospektiv den Auslöser für das gesellschaftliche Scheitern einiger der Jungen. Dem Film wurde vorgeworfen, zu viele negative Parteifiguren und zerstörte Familien zu zeigen,[189] und er galt trotz seines antiwestlichen Tenors wegen des plakativ dargestellten Versagens der staatlichen Organe als latent systemkritisch. Zwar erhielt er nach erfolgreichen Voraufführungen bei der FDJ eine erste Freigabe, doch wurde die Kritik nach der sogenannten »Zweiten Filmkonferenz der SED« im Juli 1958, die nach sowjetischer Vorgabe Liberalisierungen zurücknahm, wieder vehementer; der Film wurde zwar nicht explizit verboten, aber kaum noch gezeigt.[190]

Die Geschichte eines zweiten Films mit ähnlicher Stoßrichtung, »Die Glatzkopfbande« von 1963, wurde in der Öffentlichkeit fälschlich als authentischer Fall verkauft, weil die verantwortlichen DEFA-Autoren sich laut eines Presseberichts erfolgreich mit der Bitte um Akteneinsicht an die Polizei in Usedom gewandt hatten. Dies wurde von der Presseabteilung des Ministeriums des Inneren damit begründet, »dass die Parteiführung besonderes Interesse an dem Film hätte, sofern er jene derzeit größten Sorgen der Kriminalpolizei aufgreifen würde wie die Jugendkriminalität, namentlich das ›Rowdytum‹, und ferner [vandalistische, M. L.] Delikte in der Landwirtschaft und in der Bauindustrie«.[191] Wegen seines hohen Unterhaltungswertes wurde der Film ein Kinohit; innerhalb von fünf Jahren sahen ihn 2,2 Mio. Zuschauer. Einen ähnlichen Erfolg erlebte die erste Fernsehserie im Stil eines Doku-Dramas »Der

Staatsanwalt hat das Wort«, die nach dem Vorbild der BRD-Reihe »Das Fernsehgericht tagt« ab 1965 139 Folgen lang gesendet wurde. Hier handelte man ›pädagogisch wertvoll‹ leichtere Delikte ab, darunter häufig auch Vandalismus und Rowdytum.[192]

Ähnlichen Zuspruch erlebte ab Ende der 1960er Jahre das gedruckte Krimigenre. Auch hier stand primär die Alltagskriminalität im Fokus, »die nunmehr als Störfaktor bei der Entwicklung der sozialistischen Gesellschaft bezeichnet wurde. [...] Fast alle Autoren hielten sich an die Grundthesen der sozialistischen Strafrechtslehre. Straftäter mutierten zu Individuen, die sich in Widerspruch zu den allgemeinen Interessen des Staates und seiner Bürger befanden. Ihre Tatmotive waren mit Rudimenten der angeblich untergegangenen bürgerlichen Gesellschaft behaftet. Was war darunter zu verstehen? Übersteigertes Besitzstreben, Hang zum Vandalismus, Mißachtung der Ehre der Frau, Alkoholismus und die Unantastbarkeit des Lebens und der Gesundheit anderer Menschen [...]. Auffällig auch, daß in dieser zweiten Phase des DDR-Krimis, die sich bis gegen Ende der siebziger Jahre erstreckte, die sogenannte Kleinkriminalität thematisiert wurde. Laubeneinbrüche, Taschendiebstähle, Diebstahlsserien um Kfz-Ersatzteile, Rowdytum, Unterschlagungsdelikte in volkseigenen Betrieben, Briefmarken- oder Goldschmuggel über die DDR-Grenzen.«[193]

Im Widerspruch zu dieser Politisierung des Alltags, die sich in den nächsten Jahrzehnten auch nicht ändern sollte,[194] stand schon Ende der 1950er Jahre, dass Vandalismus auf dem Lande, vor allem in den noch im Entstehen begriffenen und umstrittenen Landwirtschaftlichen Produktionsgenossenschaften (LPGs), öffentlich als unpolitisch definiert und den ABVs zur alleinigen Strafverfolgung überlassen wurde.[195] Dabei hätten die häufigen heimlichen Zerstörungen von Agrargerätschaften erst recht als Sabotageakte verstanden werden können. Polizeilich entscheidend für die Einstufung einer Straftat als politische oder unpolitische war, ob Beschädigungen von Nichtmitgliedern oder Mitgliedern einer LPG begangen worden waren. Gerade dies ließ sich jedoch mangels überführter Täter fast nie klären. Vandalismus zwang die Ordnungskräfte zum ständigen Spagat zwischen Bagatellisierung und politischer Kriminalisierung. Ein Mittelweg wurde gangbar, indem Vandalismus auch künftig ausschließlich männlichen, ideologisch ungefestigten Jugendlichen zugeschrieben wurde. Das Problem galt als individuelles, potentiell bedrohliches, der Staat aber erwies sich als souveräner Herr der Lage.

Auch in den 1970er Jahren genoss die Thematik große Aufmerksamkeit unter den Juristen, zumal das Problem sogar im Bruderstaat Sowjetunion offenbar weiter zunahm oder wenigstens wieder stärkere Beachtung fand.[196] Innerhalb der politisch-ideologischen Debatte um das Rowdytum nahm die anonyme Sachbeschädigung im Vergleich zu Gewalt gegen Personen und sexuellen Übergriffen gegen Frauen und Mädchen allerdings nur eine Randposition ein. In seiner juristischen Dissertation, in der er als bereits langjährig tätiger Staatsanwalt 150 »verurteilte Rowdytäter« aus Jena und Gera untersucht hatte, stellte Horst Klapp »73 % Gewalttätigkeiten, 16 % Bedrohungen, 6 % grobe Belästigungen« nur »5 % Beschädigungen bzw. Zerstörungen von Sachen« gegenüber.[197] Gleichzeitig betonte der

Autor, dass die Handlungen der mehrheitlich 18- bis 20-Jährigen Täter zwar »gegen die öffentliche staatliche Ordnung« gerichtet seien, nicht aber die Zerstörung der sozialistischen Gesellschaft intendierten, mithin keine »Staatsverbrechen« darstellten.[198] Seiner Untersuchung der Täterprofile nach handelte es sich fast immer um fehlentwickelte Persönlichkeiten mit geringer Arbeitsmotivation und mangelnder moralischer wie auch ideologischer Festigung. Zumal 48 Prozent der Täter nach wie vor »einer ständigen Beeinflussung durch Westfernsehen und Westrundfunk ausgesetzt waren«. Als primäre intrinsische Motivation galt dem Ankläger der Drang nach Geltung und Selbstbestätigung. 60 Prozent der Täter galten als sozial nicht ausreichend integriert. Und knapp 70 Prozent der Taten wurden seiner Meinung nach unter Alkoholeinfluss begangen.[199] All diese Erkenntnisse beruhten allerdings allein auf jener Minderheit der Täter, deren man habhaft geworden war, doch gerade die Sachbeschädigungen blieben meist ungeklärt.

Mehr als 20 Jahre nach den ersten Klagen über das mangelhafte Erziehungssystem der DDR wurden unter Berufung auf sowjetische und ostdeutsche psychologische Studien dennoch erneut die Reste kleinbürgerlicher Familienstrukturen, aber auch fehlende Freizeitkontrolle in den Lehrlingsheimen und unkontrollierter Alkoholkonsum für die Disziplinlosigkeit »der Jugend« verantwortlich gemacht. Dadurch verringerte sich das politische Bedrohungspotential des Vandalismus für den Staat als solchen. Die ideologisch motivierten Verschwörungstheorien der Gründerjahre verloren durch die sozialpsychologische Deutung des Phänomens an

Autorität. Erwachsene Täter und Frauen fanden in dem Modell weiterhin keinen Platz.

Im Vergleich zu den direkten ökonomischen Schäden spielten in der DDR trotzdem die internen »gesellschaftsschädigenden Auswirkungen« eine erheblich größere Rolle. Vandalismus verursachte Unsicherheit, denn »die Bürger [fühlen sich] in ihrer Freizeit, Erholung und Lebensfreude ernsthaft gestört. Ideelle Schäden treten durch die Aufhebung des Gefühls auf, daß der sozialistische Staat die Sicherheit der Bürger bzw. den Schutz des sozialistischen und persönlichen Eigentums in der Öffentlichkeit nicht garantiert [...].«[200] Durch seine Sichtbarkeit schädigte der Vandalismus das Image der heilen sozialistischen Welt und schwächte zusätzlich die »Bindung« seiner ›ordentlichen Bürger‹ an den Staat. Konsequenterweise lag denn auch das Interesse von Kriminologie und Staatsanwaltschaft auf der spezifischen Motivrekonstruktion mittels psychologisch strukturierter »Beschuldigtenvernehmung«, aber auch akribischer Recherche bezüglich »seiner konkreten materiellen Lebenslage, seiner Bildung, seinem Kulturniveau«.[201]

Der ›bessere‹ Staat stand auch beim Thema Vandalismus bzw. Rowdytum ständig unter Rechtfertigungszwang. Paradoxerweise wurde durch die wiederholte Beschwörung der Verantwortung der elterlichen Erziehung aber ausgerechnet an die so gern geschmähten kleinbürgerlichen Ideale appelliert. Der sozialistischen Erziehung der Kinder und Jugend primär durch das Kollektiv wurde offenkundig nicht getraut, und den Vordenkern der sozialistischen Strafverfolgungsbehörden lag viel an ernsthafter Prävention, da Skrupellosigkeit gegenüber der Gemeinschaft als Alarmsignal drohender sozialistischer Werteerosion galt.[202]

Die massiv geforderte Analyse des »Ursachenkomplexes« eines als spezifisches Jungenproblem betrachteten Phänomens setzte allerdings voraus, dass man des oder der Täter überhaupt habhaft geworden war. Die differenzierten Überlegungen einer – wie im Westen – ab Mitte der 1970er Jahre zunehmend pädagogisch-psychologisch argumentierenden Strafverfolgung konnten angesichts der weiterhin überall sichtbaren Zerstörungen im öffentlichen Raum von den untergeordneten Behörden offenbar kaum umgesetzt werden. Klapp beklagte in seiner Arbeit zum Beispiel gerade, dass »Ordnungswidrigkeiten« vandalistischer Art zu wenig konsequent geahndet würden. Dazu zählte er insbesondere die »Beschädigung öffentlicher Bekanntmachungen«, »Automatenmißbrauch«, »Mißbrauch und Beschädigung von Alarmanlagen« und die »Verunstaltung von Denkmälern«.[203] Die Klärung der Motive vor Ort für solche Sachbeschädigungen hätte allerdings eine andere, sprich psychologische Ausbildung der konkret ermittelnden Polizeibeamten und anderer »Ordnungsstrafbefugter« wie auch der von ihm genannten Mitarbeiter der Reichsbahn, der Post oder der Gewässeraufsicht erfordert. Davon jedoch war nie die Rede. Stattdessen wurde das Problem zunehmend in den pädagogischen Bereich verlagert. Von allen Mitgliedern der Gesellschaft wurde Präventionsarbeit und »die Mitwirkung der Werktätigen und ihrer Kollektive« eingefordert, aber auch eine bessere Aufklärung durch »Öffentlichkeitsarbeit« erwogen, um die Bürger zu intensiverem Anzeigeverhalten zu bewegen.[204]

Darum versuchte man, verurteilte Ersttäter zur informellen Mitarbeit bei der Staatssicherheit zu bewegen. Dies gelang ausgerechnet bei den als moralisch degeneriert geltenden Rowdys nicht immer, wie die offene Ablehnung eines der Skinheadszene zugeordneten 17-jährigen Lehrlings im Februar 1989 beim Anwerbungsgespräch verrät: »Ich habe keine Lust, mich mit der Stasi zu unterhalten, ich will kein Spitzel sein. Ich werde ehrlich, sauber u. ehrlich meinen Knast antreten u. ihn genauso sauber und ehrlich wieder verlassen.« Der Verbindungsoffizier fuhr in seinem Bericht fort: »Nach diesen Äußerungen ließ er sich auf kein weiteres Gespräch ein, antwortete nicht auf Fragen u. schwieg. Ihm wurde nochmals erläutert, daß er noch jung ist, aber über sein weiteres Schicksal selbst entscheiden muß. Es ist bedauerlich, daß er die helfende u. unterstützende Hand ausschlägt. Auch darauf erfolgte keine Reaktion. Daraufhin entschloß sich der gesprächsführende Mitarbeiter das Kontaktgespräch zu beenden.«[205]

Die Auseinandersetzung mit deviantem Jugendverhalten verlor in den 1980er Jahren nicht an Intensität, eher im Gegenteil. Ein wachsendes öffentliches Interesse lässt sich zum Beispiel daran ablesen, dass 1983 in vermutlich recht hoher Auflage ein handliches Büchlein von 183 großbedruckten Seiten mit dem Titel: »Jugendstreiche oder Rowdytum?« erschien.[206] Es wurde 1988 beinahe unverändert neu aufgelegt. Autor war der Jurist Werner Queißer, der bereits in den 1970er Jahren zwei auf allgemeine Rechtsfragen konzentrierte Jugendratgeber verfasst hatte.[207] Das ohne Literaturangaben oder gar Belege, dafür aber mit plakativen Abbildungen von Jungmännern in Lederjacken mit Mopeds, mit drastischen Fallgeschichten und eindrucksvollen Diagrammen versehene und in lockerem Stil geschriebene Bändchen richtete sich generell an interessierte Leser, vermutlich aber in erster Linie an Lehrer und Jugendbetreuer. Denn der Autor betonte einleitend, sein Ziel sei es, »aufklärend und vorbeugend [zu] wirken«.[208] Im Mittelpunkt stand auch hier neben Diebstählen und körperlichen Gewaltdelikten die Sachbeschädigung durch 14- bis 22-jährige Jungen. Wiederholt wurde betont, dass man im Vergleich zum Westen noch gut dastehe und durchaus »kein gesetzmäßiger Zusammenhang« zwischen Sozialismus und Kriminalität bestehe.[209]

Vokabular und Ursachenanalyse hatten sich seit den 1950er Jahren nicht geändert. Nach wie vor waren Westeinfluss, nun durch das Fernsehen, »anarchistisch-individualistische Disziplinlosigkeiten«, Alkoholkonsum, unfähige Eltern und mangelnde Kontrolle durch die diversen Kollektive in Schule, Freizeit und Betrieb für die »Brutalisierung« und »wachsende Gleichgültigkeit« vieler Jugendlicher verantwortlich.[210] Wie Luther kritisierte auch Queißer die hohe Zahl an Schulabgängern ohne Abschluss. Dies war eine Schmach für das hochgelobte, gerade auf die Förderung der früher sozial Unterprivilegierten so stolze DDR-Schulsystem.[211] Neu kam hinzu, dass »Fußballrowdys« und ihre Zerstörungen in Zügen und Stadien thematisiert wurden, ja sogar Münzfernsprecher derartig häufig beschädigt wurden, dass Reparaturteams rund um die Uhr im Einsatz waren. Bei der Bekämpfung dieses Problems solle man sich ruhig an West-Berlin orientieren, wo man Farbspritzgeräte in die Zellen einbaue, die Vandalierer noch lange für alle sichtbar machten.[212] Immer wieder flocht der Autor lobend ein, dass die Polizei den Schuldigen nur durch Hinweise aus der Bevölkerung, vor allem von Seiten verantwortungsbewusster Gleichaltriger, auf die Spur gekommen sei.

Wieder wurden Sachbeschädigungen auf dem Land im Vergleich zu den Städten politisch entschärft, indem sie diesmal pauschal als psychische Störungen verbucht wurden, womit es dem Autor gelang, die ideologische Idealisierung der Landwirtschaftskollektive nicht anzutasten. Obwohl oder gerade weil auf dem Land besonders viele Brandstiftungen zu verzeichnen waren, die »jährlich erhebliche Werte« zerstörten, vermied er es, auf diese Problematik näher einzugehen.[213]

Queißers Wortwahl scheint teilweise beinahe wörtlich aus Luthers und Klapps Dissertationen von 1959 und 1977 übernommen zu sein. »Böswillige« Sachbeschädigungen und »wahllose Schäden« an öffentlichen Verkehrsmitteln, in Kneipen, an Zäunen und »am sozialistischen Eigentum« generell wurden weiterhin nicht einfach als gegen »ein konkretes Objekt«, sondern gegen die »Regeln der sozialistischen Gemeinschaft« aufgefasst. Zwar gestand auch Queißer zu, dass solche anonymen »Angriffe« »nicht die sozialistischen Machtverhältnisse insgesamt« verändern wollten, aber doch das gesellschaftliche Zusammenleben massiv gestört werden solle, die Täter »die öffentliche Ordnung und damit die Gesellschaft insgesamt besonders herausforderten«. Darum waren in den Augen des Autors Haftstrafen von bis zu drei Jahren für solche Provokationen wie Sachbeschädigungen angemessen.[214] Auch sonst verfocht Queißer bei Wiederholungstätern unverdrossen eine isolierende Zwangserziehung in Heimen und Gefängnissen, da dies abschreckenden Charakter habe, obwohl ihm bewusst war, dass eigentlich »die ihnen [den Straftaten, M. L.] zugrunde liegenden Verhältnisse [...] verändert werden müssten«.[215] In diesem Punkt unterschied er sich deutlich von Luther. Gleichzeitig stimmte er diesem, ohne ihn jemals als Vordenker zu benennen, in Bezug auf die Erziehungsmaßnahmen seitens kollektiver Institutionen, zum Beispiel den Betriebskollegen und Pionier- bzw. FDJ-Gruppen, zu. Auch popularisierte er die konkreten Vorschläge Klapps zur Einbeziehung verschiedener gesellschaftlicher Akteure und Funktionsträger, bis hin zur Hausgemeinschaft, die ihre im Umfeld befindlichen Jugendlichen im Auge behalten sollte. Die ABVs, betriebliche Schiedsgremien und lokale Jugendfunktionäre sollten hilfsgerichtliche Funktionen übernehmen und damit Respekt und Verantwortung gegenüber gesellschaftlichen Sachwerten demonstrieren. Allerdings wurde in dieser populären Publikation – ganz im Gegensatz zu juristischen Fachartikeln – mit keiner Silbe erwähnt, ob etwa auch sozialistische Banner, Denkmäler oder andere staatliche Symbole gezielt attackiert wurden. Eine unmittelbare Politisierung angesichts von Punks und Skins, die seit Anfang der 1980er Jahre durchaus im Straßenbild sichtbar waren und ihre Abneigung gegenüber der staatlichen Struktur durch optische Selbstinszenierung offen zur Schau trugen, wurde offensichtlich bewusst vermieden. Auch auf den reichlichen Abbildungen des Bändchens tauchen solche Jugendliche nicht auf. Interne Berichte sprechen hier eine deutlichere Sprache. »Trotz eingesetzter Ordnungskräfte verließen mehrfach Gruppen von Punks die Veranstaltungsräume und trieben sich gruppenweise zum Teil randalierend in der Stadt umher. Unter Alkoholeinfluß stehend verursachten Gruppierungen im Stadtgebiet ruhestörenden Lärm und Verunreinigungen. Feuerwerkskörper wurden abgebrannt und in einigen Fällen kam es durch volltrunkene Punks zu verkehrsgefährdenden Situationen bis hin zu rowdyhaften Handlungen im Bereich der Deutschen Reichsbahn. [...] Durch eine Gruppierung von der Veranstaltung zurückreisender Punks wurden im Personenzug zwischen den Bahnhöfen Rudolstadt und Göschwitz rowdyhafte Handlungen in Form der Beschädigung von Reichsbahneigentum vorgenommen.«[216]

Die Rechtspraxis verfolgte denn auch einen harten Kurs der Ideologisierung und der Erziehung durch Strafe, wie sie § 215 StGB entsprach. Dies ist zum einen an der Errichtung der Jugendwerkhöfe ablesbar, aber auch an konkreten Urteilen. Exemplarisch sei hier auf ein Interview in der *tageszeitung* von 1990 sowie eine diesbezügliche Fallrecherche verwiesen.[217] Fünf Ostberliner Jugendliche waren 1988 zu zweieinhalb bzw. fünfeinhalb Jahren Jugendgefängnis verurteilt und gerade auf Bewährung entlassen worden, weil sie auf dem jüdischen Friedhof »Schönhauser Allee« ca. 200 Grabsteine beschädigt hatten. Sie beklagten im Nachhinein einen »Schauprozess«. Man hätte ihnen unbedingt antisemitische Tendenzen unterstellen wollen, dabei hätten sie doch auch auf zwei christlichen Friedhöfen gewütet und vom Judentum gar keine Vorstellung gehabt. Angetrunken, hätten sie gedacht, weil der Friedhof so verwildert gewesen sei und bereits viele

Grabsteine herumgelegen hätten, könne man sich dort hemmungslos austoben. Beim Prozess habe man ihnen jedoch explizit gesagt, »das interessiert uns nicht, das [die anderen Friedhöfe, M. L.] wird nicht verhandelt«.[218]

Indem in der DDR bis zum Schluss das Delikt offiziell allein auf orientierungslose bzw. westlich manipulierte, in diesem Fall faschistisch ideologisierte, Jugendliche reduziert wurde, konnte man der Frage ausweichen, ob nicht auch noch Menschen aus anderen gesellschaftlichen Schichten oder aus anderen Motiven anonym Dinge beschädigten. Die vorsichtige Kritik der Juristen und Kriminologen am eigenen System blieb auf den privaten, kleinbürgerlich familiären Rahmen beschränkt, allerdings ohne – im Gegensatz zum Westen – aus ideologischen Gründen der mütterlichen Erwerbstätigkeit den Schwarzen Peter zuzuschieben. Zum Ausgleich forderte man noch mehr Kontrolle durch ständig neu konzipierte Gremien und Institutionen. Andere Denkungsarten waren in einem kollektiv organisierten, dabei aber autokratisch strukturierten Gesellschaftsmodell auch tabu.

Die Bundesrepublik

Nach der Währungsreform brach die Jugendkriminalität auch nach Wahrnehmung der Verfolgungsbehörden in den Westzonen um bis zu 80 Prozent ein.[219] Dabei waren 1951 noch immer geschätzte 40 000 Jugendliche obdachlos und streiften in den Besatzungszonen umher. 190 000 Kinder und Jugendliche lebten noch in Flüchtlingslagern, 325 000 Jugendliche und junge Männer bis 25 waren im Februar 1953 arbeitslos gemeldet.[220]

Im Zuge des Wiederaufbaus und der Wirtschaftswunderjahre entstanden bald nicht nur viele neue potentiell zu beschädigende Gegenstände und Gebäude, es verschob sich auch die fürsorgerische, polizeiliche und juristische Aufmerksamkeit teilweise weg von Fragen der Sittlichkeit und (Arbeits-)Moral hin zur Frage der Gewaltbereitschaft und Missachtung materieller Güter. Seit Mitte der 1950er Jahre war die Jugend nicht mehr nur gefährdet, sie wurde zunehmend als gefährlich für die Errungenschaften des Wirtschaftswunders wahrgenommen. Die seit der NS-Zeit wieder rigiden Formen der Fürsorgeerziehung mit Zwangseinweisungen und Zwangsarbeit von Jugendlichen beiderlei Geschlechts in konfessionellen und kommunalen Heimen wurden bis in die 1970er Jahre nahtlos weitergeführt.[221]

Die Ängste vor einer bedrohlichen Jugend spiegelten sich auch im Westen in der Filmproduktion wider. So waren 1956 »Die Halbstarken« mit Horst Buchholz und Karin Baal, 1959 »Der Jugendrichter« von Michael Verhoeven, mit Heinz Rühmann in der Titelrolle, aber besonders 1955/56 die Hollywood-Klassiker mit Marlon Brando und James Dean echte Straßenfeger. Die neue Fokussierung auf Entwicklungsprobleme bei männlichen Jugendlichen, die in den USA bereits mit antikommunistischen Untertönen daherkam, führte auch im wissenschaftlichen Bereich erneut zur Beschäftigung mit dem Phänomen – wieder primär in der von Juristen dominierten Kriminologie, doch nun auch verstärkt in der Psychologie. Bereits 1951 reisten Hamburger Psychologen unter Leitung des aus dem US-Exil zurückgekehrten Sozialpädagogen und Psychologen Curt Bondy (1894–1972), der bis 1933 zwölf Jahre lang Leiter verschiedener Jugendgefängnisse gewesen war, durch die junge Republik und nahmen die verschiedenen Formen der Heimunterbringung unter die Lupe.[222] Erstmals gerieten in diesen Jahren des raschen wirtschaftlichen Wachstums nicht nur die Jugendlichen der sogenannten Unterschichten ins Visier, sondern es wurde auch das neue Phänomen der »Luxusverwahrlosten«, verwöhnte und gelangweilte Mittel- und sogar Oberschichtkinder, konstatiert. Ihnen hatte zu viel materieller Wohlstand bei gleichzeitiger Vernachlässigung durch Mütter, die allein »zum eigenen Vergnügen arbeiten gingen«, zerstörerische Langeweile und fehlende moralische Orientierung beschert. Der faktische Widerspruch, der darin lag, dass ausgerechnet die Ehefrauen der Wirtschaftswunder-Macher in der Regel eben nicht arbeiteten und damit das Hausfrauendasein in der Nachkriegszeit zum Statussymbol der Neusaturierten geriet, wurde schlicht ignoriert. Auch die Tagespresse beobachtete klassenübergreifende Entwicklungen einer unkontrolliert agierenden Jugend. Die dort dramatisch vorgeführten »Banden« wurden allerdings sämtlich von Mädchen angeführt, ohne dass dies die öffentliche und mediale Stereotypenbildung beeinträchtigt hätte.[223]

Verschiedene historische Studien zu den im Allgemeinen als ausschließlich männlich definierten »Halbstarken« zeigen, welche Angstprojektionen damit verbunden waren.[224] Wie schon im Kaiserreich waren es abwesende Väter, die ihre Autorität nicht einmal mehr strafend in den Familienalltag einbrachten, berufstätige selbstsüchtige Mütter, genereller Nihilismus und wachsende Areligiosität, die von den Wissenschaftlern als Ursachen der um sich greifenden moralischen »Verwahrlosung« ausgemacht wurden. Diese mündete in eine seelische und mentale »Verrohung«, die aus Sicht der aus der Zeit des Nationalsozialismus gestärkt hervorgegangenen Kriminalbiologie gar generationsübergreifende Folgen nach sich ziehen musste.[225] Für eine Verstärkung der Ängste spielte die angebliche »Zerstörungswut« der Jugendlichen bei den sogenannten »Halbstarkenkrawallen« 1956 bis 1958 die prägende Rolle. Während in der Presse und den Wochenschauberichten der Eindruck geschürt wurde, Jugendliche demolierten gezielt Autos, Automaten und Verkehrsschilder, zeigt der Vergleich mit konkreten Polizeiakten der Zeit, dass dies in beinahe allen Fällen hemmungslos übertrieben, wenn nicht sogar erfunden war.[226] Bereits 1957 erschien in Hamburg, wieder unter der Leitung von Curt Bondy, die erste psychologische Diplomarbeit, die sich damit auseinandersetzte, wie Pädagogen, Soziologen, Psychologen und Kriminologen gemeinsam mit der Presse dieses Jugendphänomen dramatisierten, um andere, grundsätzliche gesellschaftliche Probleme thematisieren zu können.[227] Im selben Jahr erschien eine weitere, diesmal interdisziplinäre Studie, die ebenfalls im Ergebnis dazu kam, dass das Thema unnötig dramatisiert und bestimmte Ereignisse unzulässig generalisiert worden seien.[228] Bondy selbst hatte schon Anfang der 1950er Jahre Arbeitslosigkeit und mangelnde gesellschaftliche Integration bzw. emotionale Bindungslosigkeit für deviantes Verhalten verantwortlich gemacht. Allerdings betrachtete er Vandalismus dabei nicht als vordringliches Problem. »Daß man Toiletten nicht mit Bildern bemalt« fiel für ihn in dieselbe Kategorie wie ein »sauberer Umgangston«. Und er empfahl grundsätzlich mehr jugendgerechte Freizeitangebote anstatt rigider Strafen.[229]

Ein Jahr zuvor hatte der Hamburger Jugendpsychologe und Gymnasiallehrer Hans Heinrich Muchow (1900–?), der acht Jahre jüngere Bruder der 1933 von den Nazis in den Suizid getriebenen bekannten Jugendpsychologin Martha Muchow, in der zentralen pädagogischen Zeitschrift *Unsere Jugend* bereits in drei längeren Beiträgen seine pessimistischen Erkenntnisse über die Auswüchse der »Flegeljahre« publiziert und stärkere väterliche Autorität von Staatsorganen wie Familien eingefordert. Denn nicht Kriminalität, sondern »Nihilismus« und Werteverfall seien die Ursachen einer Vielzahl von Phänomenen der Respektlosigkeit, auch gegenüber Sachen.[230] Muchow beschrieb die inneren Beweggründe devianter Jugendlicher in seinem zigtausendfach verkauften Standardwerk zur Lehrerausbildung dann 1959 als explosives inneres Vakuum: »So verläuft das Leben ohne Inhalte, es ist leer und langweilig, und der junge Mensch verplempert die große Sehnsucht nach einem spannungsreichen und erfüllten Leben fast zwangsläufig in dem ›kleinen Rausch‹ in der Onanie, in dem Besäufnis, im Kinorausch, in der begrenzten Opposition, im ›Halbstarken‹-Krawall, in der ›Kriminalität ohne Motiv‹, bei der das entscheidende Erlebnis nicht die vollzogene Tat, sondern das Gefühl ist, ›wie herrlich ist dann das Gefühl, Angst zu haben‹!«[231]

Sicher nicht zufällig waren es gerade die jüdischen Weimarer Jugendforscher, exilierte Überlebende der NS-Zeit, die sich mit der Jugend, der Zukunft einer hoffentlich humanen und demokratischen neuen Gesellschaft der Bundesrepublik zwar patriarchal-konservativ, aber eben auch sehr differenziert beschäftigten. Meist geprägt von einer Phase des interdisziplinären wissenschaftlichen Austauschs an berühmten US-Universitäten, bestätigten sie zwar die langfristige Gefährdung einer Gesellschaft, die es möglicherweise erneut versäumte, jenen sich betrogen, überflüssig und unverstanden fühlenden Teil der männlichen Jugend zu integrieren. Gleichzeitig schreckten sie aber vor den schlichten und für gesellschaftliche Grundprobleme blinden Biologisierungen zurück, welche die NS-Forschung zwar letztlich nicht erfunden, aber doch grausam ad absurdum geführt hatte. Stabile traditionelle Familienstrukturen und religiöse Verankerung erschienen den nach dem Krieg ausschließlich männlichen Jugendforschern als Königsweg. Auch von ihnen wurde dabei vergessen, dass gerade dieses starre Beharren auf der hausherrlichen bzw. gottväterlichen Autorität ebenjene Ausbruchsversuche oft erst mit provozierte und produzierte.

Seit Mitte der 1950er Jahre – parallel zur Welle der erwähnten Kinofilme, aber auch belletristischer Publikationen – wurden offenbar in Lokalzeitungen neben öffentlicher »Randale« auch anonyme Sachbeschädigungen zunehmend fein registriert und ebenjenen »Halbstarken« zugeschrieben. Jede Gemeinde schien aufgrund der bereits erwähnten medialen Verrohung durch Schundliteratur, ebensolche Filme und insbesondere Gewalt verherrlichende Musik (Jazz und Rock 'n' Roll) von ihnen unterwandert und bedroht zu sein.[232] Muchow zum Beispiel bezeichnete solche Jungmänner, die ihren »Lebenshunger« in der »Unterwelt-Atmosphäre« von Jazz-»Katakomben« zu stillen glaubten, dann aber doch häufig ihre Frustrationen in sinnlosen Zerstörungen auslebten, sogar im sprachlichen Stil der Nationalsozialisten als »parasitäre Existenzen«, ohne damit, wie er betonte, den wahren guten Jazz an sich verteufeln zu wollen.[233] Die seit Kriegsende zu Tausenden »vagabundierenden« und »herumstreunenden« Mädchen und Jungen wurden im Zusammenhang mit willkürlicher Sachbeschädigung allerdings nie thematisiert, weder von den Wissenschaftlern noch in den Medien.[234] Denn hier war es der Staat, der seit Jahren versagte, solchen Kindern stabile und schützende Strukturen zu schaffen.

In Rundfunk und Tagespresse stärker thematisiert wurden in jenen Jahren eher in »Rudeln« auftretende männliche Jugendliche, die zu dieser Zeit in einigen Städten auf Straßen, Plätzen, aber gelegentlich auch in reinen Wohngebieten randalierten. Eine erste Untersuchung des Kriminologen Günther Kaiser von 1959 berichtete denn auch von umgestürzten Verkehrsschildern und Mülltonnen, eingeschlagenen Zug- und Schaufenstern, demolierten Automaten und Schaukästen, verwüsteten Baustellen und Schrebergärten, zerrissenen Wäscheleinen sowie von der Beschädigung von Autos, Mopeds und Fahrrädern und sonstigen öffentlich zugänglichen Gegenständen. »In den Zügen montieren sie Aschenbecher ab und zerschneiden die Ledergurte an den Fenstern. In den Parks stürzen sie Bänke um, zerstören Anpflanzungen und beschädigen Denkmäler. Sie demolieren Kinderspielplätze, beschädigen Straßenlaternen und öffentliche Fernsprechzellen, schlagen die Glasscheiben von Feuermeldern ein, stürzen Parkuhren um [...].«[235] Kaiser war übrigens der erste, der in seiner Untersuchung insbesondere im Zusammenhang mit »den sinnlosen Akten des Vandalismus« Fragen der Selbstermächtigung und auch einer »demonstrativen Männlichkeit« thematisierte.[236] Dieser Aspekt wurde von der Jugendforschung bis in die 1990er Jahre hinein jedoch nicht einmal ansatzweise aufgegriffen.

Allen Bedrohungsszenarien zum Trotz beurteilten bei einer bundesweiten Umfrage im Oktober 1956 56 Prozent der Befragten die mediale Berichterstattung als »stark übertrieben«. Nur 22 Prozent fühlten sich oder ihren Besitz tatsächlich durch enthemmte Jungmännerhorden degenerierter Unterschichten gefährdet, die angeblich permanent marodierend durch die Städte zogen.[237]

Als Angebot öffentlicher Angstbefriedigung solcher Medienszenarien lässt sich das 1967 erschienene und 1995 nachgedruckte Taschenbuch des bekannten Kriminologen Hans von Hentig (1887–1974) verstehen.[238] Es trug den Titel »Der jugendliche Vandalismus. Vorboten und Varianten der Gewalt«, galt damals dank des eingängigen Stils bald als Standardwerk und wurde noch in den 1980er Jahren von Kriminologen häufig als wissenschaftlicher Nachweis zitiert.

Zeitgemäß, in Form einer Verzerrung der Analysen Alexander Mitscherlichs, argumentierte von Hentig modern tiefenpsychologisch, wenn auch inhaltlich nicht neu, mit dem »Zerfall des Vaterbildes«, dem bekannten »Schund und Schmutz« in den Massenmedien und ganz besonders mit sexuell motivierten »Zerstörungstrieben«.[239] Ein eigenes Unterkapitel widmete er dem »Angriff auf unbewachte Sachen«. Dabei stützte er sich für seine Vandalismusvisionen in erster Linie auf wenige New Yorker Tageszeitungsberichte (etwa über »Hydranten-Vandalismus«) und US-Polizeistatistiken. Diese Versatzstücke generalisierte er, übertrug sie auf Deutschland und würzte sie mit einer Prise Zivilisationspessimismus. Seine Literaturbelege reichten von Hesiod bis Hirschfeld, von Havelock Ellis bis Truman Capote. Auf medizinische oder psychiatrische Facharbeiten für seine raumgreifenden Theorien konnte oder wollte der Jurist nicht zurückgreifen. Erstaunlich ist vor allem, wie selbstverständlich von Hentig sämtliche Diskussionen der Kriminologie und Pädagogik zum »labeling approach« ignorierte, denn längst wurde intensiv diskutiert, inwieweit eine zugeschriebene Kriminalisierung das Produkt eines normativen Konstruktionsprozesses der Strafverfolger sei. Mit Beginn der 1960er Jahre waren kriminalbiologische Erklärungen zunehmend in die Defensive geraten. Sozialisationsfaktoren, wie sie schon einmal um 1900 von Teilen der Sozialpädagogik und vielen wissenschaftlich aktiven Richtern ins Gespräch gebracht worden waren, gewannen wieder an Boden.[240]

Trotzdem wirkte die biologisierende Popularisierung bürgerlicher Ängste durchaus bis in höchste intellektuelle Kreise. So hielt der – wie von Hentig im Nationalsozialismus exilierte – Biochemiker Sir Hans Adolf Krebs (1900–1981) noch 1978 bei der jährlichen Lindauer Tagung der Nobelpreisträger eine »Ansprache« mit dem Titel »Biologie der Jugendkriminalität«. In dieser Rede konzentrierte er sich gänzlich auf die »mutwilligen Zerstörungen junger Vandalen«.[241] Dabei schlug er den üblichen Bogen vom schlechten Einfluss des Fernsehens über die Gefahren der Großstadt bis hin zur schwindenden Religiosität, vergaß aber auch soziale Probleme wie die Arbeitslosigkeit nicht. Solche Litaneien standen, wie es Sebastian Kurme für andere Schriften der Zeit formulierte, »ganz in der Tradition einer in der konservativen Kulturkritik des 19. Jahrhunderts wurzelnden antimodernistischen und auf einer Agrarromantik beruhenden Großstadtfeindschaft. Der Prozess der Verstädterung galt hier als Bedrohung der Gesellschaft, da er deren Keimzellen, die Familien, zerstören und Traditionen, gesellschaftliche Zusammenhalte sowie soziale Hierarchieverhältnisse auflösen würde.«[242]

Wie die Zivilisationspessimisten des Fin de Siècle sah der Nobelpreisträger Hans Adolf Krebs am Ende der auch pädagogisch reformfreudigen 1970er Jahre sicher nicht zufällig die Lösung des Problems in einer wertkonservativen Erneuerung traditioneller Familienstrukturen: Mütter gehörten nach Hause, Aufgabe der Väter war es, Geld zu verdienen und zu strafen. Krebs' Betonung einer zu großen »Bequemlichkeit« der Heranwachsenden stand im Einklang mit den Kassandren der Wirtschaftswunderjahre, die »Luxusverwahrlosung« durch elterliche Gleichgültigkeit beklagt hatten. Auch Krebs konstatierte, Kinder würden materiell zu sehr verwöhnt und schätzten darum den Wert der Dinge gering. In scharfem Ton forderte er eine Abkehr von der »antiautoritären Erziehung« in den Schulen und einer zu milden Gerichtsbarkeit. Konkret empfahl er, unter Berufung auf die verhaltensbiologische Forschung, eine staatliche Erziehungsbegleitung für junge Familien in Form pädagogisch belehrender Briefe, von der ersten Schwangerschaftsuntersuchung bis zum fünften Lebensjahr eines jeden Kindes. Mittlerweile habe die Münchner Stadtverwaltung bereits mit Erfolg ein solches Pilotprojekt aus New Orleans, das sich auf neurophysiologische Erkenntnisse zur frühkindlichen Entwicklung stütze, erfolgreich aufgegriffen, betonte er. Vehement machte Krebs die Arroganz der »Sozialwissenschaftler« für das Jugenddesaster verantwortlich. Sie experimentierten erfolglos »mit Reformen«, anstatt die »selbstkritische Denkweise« der Naturwissenschaften zu übernehmen, um »auf dem Gebiet der Gesellschaftskrankheiten« mittels empirischer Funktions- und Effektivitätskontrollen die eigenen Prämissen zu überprüfen, wie dies den wissenschaftlichen Gepflogenheiten entspräche.[243]

Dass es sich bei Vandalismus um ein reines Adoleszenzproblem handelte, war mittlerweile Konsens. Andere Alterskohorten kamen auch in der Bundesrepublik in der öffentlichen Wahrnehmung nicht mehr vor.

Anfang der 1980er Jahre spaltete sich der täterzentrierte, jugendpädagogische Diskurs der 1970er Jahre (um den Strafrechtler und Kriminologen Horst Schüler-Springorum und andere)[244] jedoch wieder deutlich in zwei Lager: den rein juristischen auf der einen und den pädagogisch-psychologischen auf der anderen Seite.

Hollywoods B-Movies über verzweifelte, sozial verwahrloste Jugendliche, wie »Over the Edge« (1978/79) von Jonathan Kaplan, im Stile von Stanley Kubricks »Clockwork Orange« von 1971, in denen massenweise Autos angezündet und demoliert wurden, kamen in die Kinos und wurden in den Feuilletons besprochen.[245] In sämtlichen Rezensionen wurde vor den Folgen einer menschenfeindlichen Stadtplanung ebenso wie vor elterlicher Gleichgültigkeit gewarnt. Wie in den 1950er Jahren wurde ein öffentlicher Diskurs erst über den Umweg der Populärmedien, vor allem des Films, in Gang gesetzt. Gleichzeitig erschien auch wieder eine Reihe juristischer und erstmals seit 1935 auch rechtssoziologischer Dissertationen zum Thema. Nun zielten sie jedoch nur noch bei ökonomisch relevanten Themen auf eine kriminologische Analyse. Als zum Beispiel die Bundespost eine Studie über die Zerstörung von Telefonzellen in Auftrag gab, wurde auch die Art der Beschädigungen einer statistischen Würdigung unterzogen, um praktische bauliche Veränderungen und andere Sicherungsmaßnahmen davon ableiten zu können.[246] Gleiches gilt für eine Studie des Bauministeriums über Wohngebäude.[247] Die üblichen Kategorien der Jugendforschung wie Alter, familiärer Hintergrund, Schulbildung, Alkoholkonsum oder Gruppenbildung wurden von den wissenschaftlichen Dienstleistern routiniert und rein deskriptiv abgehandelt, dienten als bloßes soziologisches Kolorit. Das eigentliche Interesse galt der unmittelbaren ökonomischen Schadensreduktion und der Forderung nach zusätzlichen strengeren Gesetzen. Darum wurden auch weniger Überlegungen zur Beseitigung der mutmaßlichen Ursachen angestellt als vielmehr Lösungswege bezüglich technischer Schutzmaßnahmen und widerstandsfähigerer Materialien erwogen. Die wenigen, immer gleichen und kleinzahligen soziologischen Erhebungen der 1960er Jahre wurden von den im Auftrag der Konzerne forschenden Kriminologen ohne Überprüfung der Repräsentativität der Samples oder deren Vorannahmen, wie es gerade der Kritiker Krebs in seinem Lindauer Vortrag gefordert hatte, völlig unkritisch als empirische Belege für weitreichende Thesen über »Durchschnittstäter«, »Täterpersönlichkeiten« bzw. zur Kategoriebildung von »objektspezifischem Vandalismus« gebraucht. Diese Erkenntnisse sollten der konkreten Rechtsbildung dienen. Gern wurden solche juristischen, sich nur vordergründig rechtssoziologisch gerierenden Abhandlungen mit einem Anhang dramatischer Fotos von Tatorten schlimmster Zerstörungen in öffentlichen Verkehrsmitteln, Telefonzellen etc. unterstrichen. Solche Aufnahmen standen allerdings oft mit politischen Demonstrationen (etwa gegen den Bau der Startbahn West des Rhein-Main-Flughafens) oder Fußballspielen in Zusammenhang und passten damit nicht zum eigentlichen Kernthema, den angeblich individuell oder in Kleinstgruppen und vor allem heimlich begangenen Zerstörungen.[248] Merkwürdig mutet ebenfalls an, dass die in diesen Arbeiten noch bis weit in die 1980er Jahre hinein zitierte kriminologische Fachliteratur mehrheitlich aus den 1950er und 1960er Jahren stammte und reichlich stereotype Pathologisierungen bereithielt. Vandalismus galt, insbesondere unter Berufung auf Verhöre von wenigen verhafteten Jugendlichen – wie in den 1950er Jahren –, als reines Gruppendelikt und – wie schon einmal zu Beginn des 20. Jahrhunderts – als rein städtisches Phänomen.[249] Dass die überwiegende Mehrheit der Täter nach wie vor unbekannt blieb und der Großteil der Taten eben nicht im Rahmen kollektiver Veranstaltungen geschah, wurde nicht einmal ansatzweise thematisiert. Der Begriff der Gruppe wurde, wenn überhaupt, großzügig als aus mindestens drei Personen bestehend definiert. Diese Unschärfe führte auch dazu, dass etwa drei beim Zerschneiden eines Sitzpolsters erwischte Jungen mit randalierenden Demonstranten in einer Studie abgehandelt und in einer Statistik geführt wurden.

So kam es, dass zum Beispiel insbesondere für Friedhofsvandalismus in der Bundesrepublik von Seiten der Exekutive lange nicht an mögliche ideologische Motive gedacht oder bei Kirchenvandalismus allein auf in der Literatur zitierte historische Beispiele aus der Reformationszeit oder Kurzmeldungen aus Tageszeitungen zurückgegriffen wurde, ohne weitere Fragen zu stellen. Auch das »Schlüsselkind« der berufstätigen Mutter musste wieder als typischer Täter herhalten, da es zwangsläufig »verwahrlosen« und zu pathologischen Verhaltensweisen tendieren musste.[250]

Eine Folge dieser Dominanz eines konservativen Rechtsdiskurses war – sicherlich gemeinsam mit der wachsenden öffentlichen Präsenz entsprechender Berichterstattung selbst in der linken Tagespresse –, dass die Rechtsprechung solchen wissenschaftlichen Vorbildern zu folgen versuchte.[251] So forderte beispielsweise 1988 ein Münchner Staatsanwalt, unter großer medialer Anteilnahme, für zwei Straftäter von 19 und 25 Jahren, die in Starnberg Strommasten der S-Bahn angesägt hatten, Freiheitsstrafen von acht und zwölf Jahren, gerade weil kein politischer Hintergrund erkennbar sei, sondern bloß »pure Zerstörungslust« und »Vandalismus« zugrunde lägen. Die 23-jährige Frau, die die Täter nach eigener Aussage nur begleitet hatte, sollte wegen Beihilfe zu einem Jahr und acht Monaten verurteilt werden.[252]

Auffällig ist für die 1980er Jahre bei gleichzeitiger Ignoranz durch die Rechtsprechung eine Welle an jugendsoziologischen und sozialpsychologischen Büchern speziell zum Thema Vandalismus, mit einem ›Peak‹ im Jahr 1983. Vorausgegangen war eine wachsende öffentliche Beunruhigung, nicht nur durch die Attentate der zweiten RAF-Generation, sondern auch durch politische Krawalle, die mit massiven Zerstörungen einhergingen – exemplarisch genannt seien hier die besetzten Häuser in Berlin, die wachsende Anti-AKW-Bewegung, die »Startbahn West« in Frankfurt oder die ersten »Chaos-Tage« 1982 in Hannover. Als damals jugendliche Zeitzeugin erinnere ich deutlich, dass sowohl in der Presse als auch im Schulunterricht von konservativeren Zeitgenossen gern ein Zusammenhang zwischen politischem Aktivismus (zum Beispiel gegen den NATO-Doppelbeschluss, für viele Ältere gleichbedeutend mit Linksextremismus) und der Bereitschaft mindestens zur rücksichtslosen Sachbeschädigung hergestellt wurde.

Es scheint, als ob sich im Nachklang zu den Studentenunruhen, Anti-Schah-Demonstrationen und ähnlichen sogenannten »Straßenkrawallen« Ende der 1960er und während der 1970er Jahre Ende der 1980er Jahre erstmals eine Tendenz zur öffentlichen Unterscheidung zwischen politischem und sozialem Vandalismus abzeichnete. Sogar erste kommunale Statistiken wurden diesbezüglich geführt und in der Tagespresse, etwa der *tageszeitung*, referiert. So verlautbarte die Berliner Polizei in einer Pressemitteilung 1988: »Der ›Vandalismus‹ mit politischem Hintergrund hat nach einer Übersicht der Polizei in West-Berlin zugenommen. Die Kriminalpolizei teilte gestern mit, die Zahl der als Staatsschutzdelikte eingestuften Sachbeschädigungen sei von 1986 auf 1987 um 68 Prozent gestiegen. Der Anteil des politischen ›Vandalismus‹ an den Sachbeschädigungen insgesamt liege aber nur bei fünf Prozent. So habe die Polizei im vergangenen Jahr 25 606 Sachbeschädigungen festgestellt, davon habe sie 1290 Tätern mit politischen Motiven zugeordnet. Sachbeschädigungen mit politischem Hintergrund seien vor allem an den ausgewählten Objekten sowie an zurückgelassenen Flugblättern zu erkennen.«[253] In einer weiteren Ausgabe wurde ein entsprechender Bericht der Bundesregierung für die ganze BRD unter anderen vom Bielefelder Gewaltforscher Wilhelm Heitmeyer scharf als rein ideologisch kritisiert.[254] Auch rechtsextreme Sachbeschädigung scheint erst ab Mitte der 1980er Jahre öffentlich wahrgenommen worden zu sein. Hakenkreuzschmierereien und umgeworfene Grabsteine auf jüdischen Friedhöfen wurden erst jetzt dezidiert auf Antisemitismus hin untersucht.

Gegen Ende der 1980er Jahre scheint trotz oder gerade wegen der verstärkten wissenschaftlichen Beschäftigung langsam ein Gewöhnungseffekt eingesetzt zu haben. Die Versicherungsgesellschaften hatten potentielle Schäden inzwischen in ihre Berechnungen einkalkuliert, und kommunale Planer versuchten bestimmte Bausünden der 1960er und 1970er Jahre, die – ganz im Sinne der Aufklärer – von den Tätern als ästhetische und lebensfeindliche Provokation verstanden worden seien, nicht zu wiederholen.[255] Jugendlicher Vandalismus war als aktive Lösungsaufgabe endgültig von der Kriminologie in den Kompetenzbereich der Jugendsozialarbeit und der Sozialpsychologie übergegangen. Seit Mitte der 1980er Jahre überwogen Publikationen linker Pädagogen und Psychologen zu Vandalismus an Schulen und in Jugendzentren, denn auch diese klagten mittlerweile immer stärker darüber.[256] Tenor solcher Arbeiten war in der Regel, dass Ohnmachtsgefühle gegenüber der Zwangsinstitution Schule zu symbolischen Destruktionen führten. Die institutionelle Gewaltstruktur verursache massenhaft Gewalt gegen solche Strukturen repräsentierende Gegenstände.[257]

Erst nach der Wiedervereinigung von Bundesrepublik und DDR setzte ein schnell dominanter Diskurs ein, der sich primär über einen möglichen Zusammenhang von jugendlichem Vandalismus und ökonomischer wie sozialer Perspektivlosigkeit – wie immer begleitet vom Abgesang auf abendländische Werte – und immer gravierenderen Erziehungsdefiziten definierte. Unhinterfragt blieb dabei nach wie vor, warum ausgerechnet und quasi ausschließlich männliche Jugendliche, vor allem in den neuen Bundesländern und auch in den westlichen Großstädten, von der zunehmenden Arbeitslosigkeit zu vandalistischem Verhalten getrieben würden, andere Bevölkerungsgruppen in Zeiten des massiven Arbeitsplatzabbaus davon jedoch unberührt bleiben sollten.

Seit Beginn der 1990er Jahre haben sich die Erklärungen zu den sozialen Ursachen des inzwischen gemeinhin als »Jugendvandalismus« bezeichneten Phänomens nicht mehr verändert. Die Beschäftigung mit solchen Taten beschränkt sich auf eine pragmatische Minimalisierung potentieller Schäden durch konkrete Sicherungsmaßnahmen und ein stärkeres Bemühen um erhöhtes Anzeigeverhalten der Bevölkerung.

Schluss

Klagen über Vandalismus sind in allen Phasen der deutschen Geschichte Bestandteil des Alltags. Die Untersuchung solch anonym begangener Akte der Sachbeschädigung ist vor allem interessant, weil die Schuldzuschreibungen der öffentlichen Meinungsbildner Rückschlüsse auf die aktuellen Probleme der jeweiligen Gesellschaften zulassen. Stets waren es die intellektuellen Eliten, oder wer sich dafür hielt, die anhand der Beschreibung, wenn nicht gar Dramatisierung normativer Devianzen versuchten, bestimmte modernisierende oder auch konservative Reformen durchzusetzen. Ihre Erklärungsmuster sagen allerdings mehr über Ängste, wahrgenommene Krisensymptome und gesellschaftliche Probleme aus als über die tatsächliche Dimension der vandalistischen Akte bzw. über die wahren Täter.

Der anonyme Vandalismus, verübt durch Individuen oder Gruppen, wurde nach Ansicht aller, die sich im Laufe verschiedener Jahrhunderte damit beschäftigten, durchaus als politisch wahrgenommen. »Politisch« wird hier verstanden als Ausdruck mehr oder weniger reflektierter Kritik an bestehenden gesellschaftlichen Verhältnissen. Nach dem Dreißigjährigen Krieg war es der erstarkende Absolutismus, dessen neue, juristisch geschulte Bürokratie versuchte, einerseits die Kontrolle über das Verhalten der Untertanen in Stadt und Land auszuweiten bzw. sie nach den jahrzehntelangen Verheerungen erst einmal wiederzugewinnen. Andererseits wollte man den herrschaftlichen Wohlstand durch Ausweitung der Produktion mehren. Dazu bedurfte es einer immer umfassenderen Ausbeutung der Arbeitskraft der landlosen Schichten, deren Zorn man sich dadurch weiter zuzog. Beschränkte sich die Obrigkeit während der Frühen Neuzeit auf die strafrechtliche Komponente im Umgang mit Vandalismus, ohne über mögliche Motive zu reflektieren, wurde erst im Dunstkreis der Französischen Revolution darüber spekuliert, dass ein komplexes Netz von Auslösern zu anonymen Sachbeschädigungen führen konnte. Als Ursachen galten ökonomische Not, die Bildungsarmut der Massen und bald auch der Zerfall patriarchaler Familienstrukturen. Diese Gemengelage fördere eine Respektlosigkeit bzw. Gleichgültigkeit gegenüber fremdem Gut. Staatsverdrossenheit schlage sich so trotz vielfältiger Motive in immer gleichen Handlungen nieder. Gerade im Deutschen Reich, das außer den Bauernkriegen der 1520er Jahre keine wirklichen Volksaufstände kannte, galt anonyme Sachbeschädigung vielen als »Rache des kleinen Mannes« an einem unerschütterlichen System extremer ökonomischer und politischer Ungleichheit. Erst die Aufklärer artikulierten solche fürstlichen und großbürgerlichen Ängste vor Umsturz und Chaos, die sie unverblümt auf begründeten Sozialneid und die extremen Ausbeutungsverhältnisse zurückführten. Folie des Engagements dieser letztlich doch kleinen Gruppe an dem Phänomen Interessierter waren die demokratischen Utopien der »heißen« Jahre der Französischen Revolution. Die Beseitigung des Vandalismus war für die Aufklärer nur ein weiteres Vehikel, mit dem sie ihre Kritik am absolutistischen

System und speziell an der menschlichen Unfreiheit über den Weg der philosophischen Analyse an die Adresse der Herrschenden richten konnten. Für sie war der Kampf gegen den Vandalismus Teil des Projekts einer breitangelegten Volksaufklärung, denn nur Ungebildete wagten es ihrer Ansicht nach, Ausflüsse der eigenen oder vergangener Zivilisationen zu attackieren.

Mit der Industrialisierung wuchs die Angst der nun auch zunehmend bürgerlichen Wohlhabenden vor der Wut der körperlich immer härter arbeitenden, aber an den exorbitanten Gewinnen weiterhin nicht partizipierenden Bevölkerungsmehrheit. Gleichzeitig nahm die Zahl der kostspieligen potentiell zu beschädigenden Sachwerte wie Eisenbahnen, Maschinen, Industriegebäude, Wasser-, Gas- oder Telegrafenleitungen immer weiter zu. Die Diskussion um ein Mikrophänomen wie Alltagsvandalismus verblasste jedoch vor dem Hintergrund des wachsenden Elends und der im selben Maße steigenden Angst vor der Rebellion der verarmten Massen durch kollektiven und oft organisierten Vandalismus, etwa in Form der Maschinenstürmerei.

In dem Maße jedoch, in dem mündigen Erwachsenen nach der Industriellen Revolution zunehmend die Täterschaft abgesprochen und allein unreifen Kindern und Jugendlichen zugesprochen wurde, verlor die mutwillige Sachbeschädigung vorübergehend faktisch an gesellschaftspolitischer Brisanz. Erst mit wachsenden finanziellen Schäden gewann sie als ökonomischer Faktor wieder an Bedeutung, um schließlich mit der »Verrohung der Jugend« als konstantes Untergangsszenario des gesamten 20. Jahrhunderts eine weite Kreise der Öffentlichkeit beunruhigende Dimension anzunehmen – ein gesellschaftliches Echo, das vor allem vom rasanten Wandel der Kommunikationsmedien verstärkt worden sein dürfte.

Als ein eigenständiges Vergehen wurde die mutwillige Sachbeschädigung vor dem Ende des 20. Jahrhunderts nur während der Aufklärung und in der Kaiserzeit betrachtet und in dieser Weise in intellektuellen bzw. wissenschaftlichen Zirkeln öffentlich diskutiert. Die Sensibilisierung für die gravierenden Missstände in Erziehung und Ausbildung der mehrheitlich proletarischen städtischen Jugend machte den Vandalismus zu einem öffentlich diskutierten Thema. Bis zum Ende der Weimarer Republik galt Vandalismus dann als spezifisch proletarisches Jugendproblem und wurde an Judikative und Exekutive delegiert. Verrohung durch Werteverfall, ausgelöst durch Erosion der bürgerlichen Kleinfamilie, war der Erklärungsansatz, der die Debatte der bürgerlichen Denker über die Disziplingrenzen hinweg prägte.

Wenn bislang nicht explizit von der Kategorie Geschlecht die Rede war, dann, weil vandalistische Taten stets allein männlichen Jugendlichen oder Erwachsenen zugeschrieben wurden. Die Überzeugung, es nur mit männlichen Straftätern zu tun zu haben, ist bis heute nicht ganz aus Justiz, Pädagogik und Psychologie verschwunden. Thematisierten Texte überhaupt einmal das einfach unterstellte Fehlen von Täterinnen, dann flossen eher beiläufig und axiomatisch biologistische Aussagen ein: Mädchen seien eben »von Natur« aus weniger aggressiv, weniger von Geltungs- und Wettbewerbsdrang erfüllt und außerdem weniger bewegungsorientiert. Epochenübergreifend wurde ein biologischvitalistisches Männlichkeitsbild im Gegensatz zum sattsam bekannten passiven Weiblichkeitsbild gepflegt. Dank dieses dichotomen Axioms musste man sich nie mit Fragen der männlichen Sozialisation befassen. Keiner der Autoren, auch nicht jene sozial sensibilisierten der Aufklärung oder der Sozialreformbewegung, stellten bis Mitte der 1980er Jahre jemals die Frage, ob nicht auch Mädchen mit dem gleichen sozialen und ökonomischen oder sogar familiären Hintergrund, mit denselben Erziehungsdefiziten und Schulproblemen ebenso auf bestimmte Erfahrungen oder Rahmenbedingungen reagierten wie Jungen. Mädchencliquen, deren Existenz durchaus bekannt war, gerieten einfach nicht in Verdacht und wurden somit weder in der DDR noch der BRD jemals systematisch beobachtet. Wurden Mädchen mit Jungen zusammen ertappt, galten die Mädchen automatisch als Mitläuferinnen. Kritisch beäugt wurde stattdessen in sämtlichen Jugenddiskursen seit der Gründerzeit gern ihre »sittliche Verfassung«.

Angesichts solcher Zuspitzung auf die eine, eher proletarische männliche »Zielgruppe« wundert das überwiegende Schweigen der Pädagogen bis zum Beginn des 20. Jahrhunderts nicht. Sie ordneten sich offenbar weiterhin einer bürgerlichen Bildungstradition zu und interessierten sich darum kaum für die Erziehung der Unterschichten. Das Gegenteil trifft auf viele Juristen zu. Gerade Richter waren es, die sich vor dem Ersten Weltkrieg, in der Weimarer Republik, aber auch später in der DDR, aus kriminologischer und jugendpädagogischer Perspektive mit dem Problem befassten. Sie waren es, die neben der Polizei am häufigsten mit den Folgen vandalistischer Taten konfrontiert wurden. Sie witterten dahinter potentiell steile kriminelle Karrieren und wussten aus eigener Erfahrung, dass vielschichtigen Problemen in Zeiten massiver ökonomischer und sozialer Umbrüche mit rigiden Strafen allein nicht beizukommen war.

Im Nationalsozialismus hingegen war Vandalismus kein explizites Thema. Solche Taten wurden ohne zu zögern als staatsfeindlich ideologisiert, die Täter mit dem Tode bedroht. Vermutlich nahmen angesichts der existentiellen Bedrohung und der umfassenden Kontrolle aller Bevölkerungsgruppen alltägliche vandalistische Akte nach 1933 tatsächlich ab, andererseits durfte es solche Verfehlungen in einer »gesunden Volksgemeinschaft« auch nicht geben. Täter mussten demnach gesellschaftlich isoliert und geistig-seelisch pathologisiert werden und wurden, gemäß der NS-Logik des Schutzes des »Volkskörpers« vor weiterer »Infektion«, auch physisch »eliminiert«.

Ähnlich verdeckt und mit dem gleichen ideologischen Dilemma konfrontiert, versuchte man in der DDR des Problems Herr zu werden. Auch diese nach Perfektion strebende Gesellschaft konnte keinen flächendeckenden Vandalismus zugeben; die Devise hieß, neben Überwachung und Denunziation, »Umerziehung« und Disziplinierung, auch durch Zwangsarbeit, in lagerartigen Heimen. Je mehr man jugendliche »Rowdys« als einzige Tätergruppe identifizierte und marginalisierte, desto leichter ließ sich das Delikt als reines Erziehungs- und Übergangs- oder Pubertätsproblem abtun. Bei erwachsenen Tätern hätte man ernsthafte gesellschaftliche Missstände, wenn nicht gar drohende politische Verwerfungen im Staat thematisieren müssen. Die Rolle des innerlich gescheiterten Systems hatte die DDR-Ideologie jedoch der benachbarten Bundesrepublik zugedacht. In der DDR änderte sich an dieser ambivalenten Politik trotz zunehmend offen systemkritisch agierender »Vandalierer« wie Punks oder Skinheads bis 1989 nichts.

Auch im Westen wurde nach 1945 das Problem nahtlos an die Vor-NS-Zeit anschließend als ein spezifisches Jugendphänomen »Halbstarker« abgetan, ohne jemals den Beweis dafür antreten zu können. Ähnlich rigide wie in der DDR war auch hier der Umgang mit devianten Jugendlichen, die häufig der Zwangserziehung in autoritär geführten Heimen unterworfen wurden. Der Aspekt der »Wohlstandsverwahrlosung«, der in der DDR als bürgerliche Dekadenz gebrandmarkt worden war, blieb in der juristischen und pädagogischen Praxis der durchweg bürgerlichen Forscher in der Bundesrepublik jedoch weitgehend ausgeblendet. Man konzentrierte sich – abgesehen vom Kreis um Curt Bondy – auf einkommensschwache Familien und auf berufstätige alleinerziehende Mütter und ihre Sprösslinge. Im Westen fand nach den politischen Unruhen der 1960er und 1970er Jahre auch in den Sozialwissenschaften nur langsam eine Sensibilisierung für tiefer gehende gesellschaftliche Probleme statt. Das »Private« wurde nun zunehmend als »politisch« wahrgenommen. Jetzt verbarg sich hinter scheinbar motivlosen individuellen Handlungen explosive Wut über gesellschaftliche Missstände, welche die Betreffenden nicht anders als durch Zerstörungen auszudrücken vermochten.

Diese Debatte gewann nach der Wiedervereinigung und der weiter steigenden Massenarbeitslosigkeit im

Zusammenhang mit den »Wohlstandsverlierern« an Intensität. Auch die wirtschaftlichen Schäden, die von jeher von der Allgemeinheit getragen werden mussten, wurden bei sinkendem Wirtschaftswachstum und leerer werdenden öffentlichen Kassen spürbarer. Dies verstärkte bis zur Jahrtausendwende einen Trend der besonders in den Massenmedien geführten Diskussion.

Auch gegenwärtig werden einige wenige Sozialpädagogen und Schulforscher nicht müde, auf die ungebrochene Dramatik von Vandalismus als Symptom für Werteerosion und seine vermutlich sozialen Ursachen hinzuweisen. Langfristige gesellschaftliche Konsequenzen seien in ihrer Tragweite gar nicht absehbar, wenn der Respekt vor gemeinschaftlichen Gütern oder dem Privateigentum anderer weiter schwinde.

Faktisch scheint sich die Gesellschaft jedoch mit dem Phänomen zähneknirschend abgefunden zu haben. Politik und Wirtschaft haben es derzeit aufgegeben, nach komplexen Ursachenzusammenhängen zu suchen. Ökonomisch scheint es sich, wenigstens auf kurze Sicht, eher auszuzahlen, erhebliche Summen in vandalismusresistente Baumaterialien, Schutzzäune und Wachdienste zu investieren als in umfassende Ursachenforschung und Prävention.

Anmerkungen

Sämtliche Internetlinks wurden zuletzt am 6. September 2008 eingesehen.

1 Hermokopidenfrevel von 415, vgl. Thukydides, Peleponnesischer Krieg, 6, 27,1–28,2.

2 Vgl. Angelika Schmitt/Michael Irion, Graffiti. Problem oder Kultur, München 2001.

3 Vgl. auch Alexander Demandt, Vandalismus – Gewalt gegen Kultur, Berlin 1997, S. 20f.

4 Vgl. etwa Rex E. Wallace, An introduction to wall inscriptions from Pompeii and Herculaneum, Wauconda, Ill. 2005; Martin Langer, Antike Graffitizeichnungen. Motive, Gestaltung und Bedeutung, Wiesbaden 2001; sowie Detlev Kraack, Monumentale Zeugnisse der spätmittelalterlichen Adelsreise. Inschriften und Graffiti des 14.–16. Jahrhunderts, Göttingen 1997.

5 Zum historischen Wandel vom Privat- zum Offizialdelikt und zur Relevanz eines Antragsdeliktes vgl. Sabine Fischer, Sachbeschädigungen. Eine Studie zur Kriminologie und Kriminalistik von Sachbeschädigungen unter Berücksichtigung von geschichtlicher Entwicklung und geltender Regelung, Frankfurt am Main (Univ. Diss. 1983), hier S. 44–58.

6 »Bürgermeister will Sprayern Daumen abhacken«, Spiegel online, 4. 11. 2005, http://www.spiegel.de/panorama/0,1518,383185,00.html; vgl. dazu z.B. auch »Children to be labeled ›criminal‹ by age 3«, WordNet Daily, 13. 6. 2005, http://www.worldnetdaily.com/news/article.asp?ARTICLE_ID=44733; Greg Hurst, »Disruptive toddlers to be treated as potential criminals, says report«, TimesOnline, 13. 6. 2005, http://www.timesonline.co.uk/article/0,,2-1652127,00.html; die Unterstützung

Tony Blairs für härtere Maßnahmen im Jugendstrafvollzug für leichtere Delikte: O.A., »No 10 defends ›yob‹ uniform call«, BBC News, 16. 5. 2005, http://news.bbc.co.uk/1/hi/uk_politics/4550755.stm; sowie: Can a culture of respect be introduced?, BBC News, 13. 9. 2005, http://news.bbc.co.uk/1/hi/talking_point/4124042.stm. Beide Artikel konnten online diskutiert werden, Leserbriefe wurden ebenfalls veröffentlicht. Siehe auch Chris Johnston, »Parents share blame for unruly pupils, says Kelly«, TimesOnline, 20. 5. 2005, http://www.timesonline.co.uk/article/0,,2-1620563,00.html. Zur gesamten Diskussion und den bereits getroffenen Maßnahmen vgl. umfassend Florian Rötzer, Prävention ist auch in der Verbrechensbekämpfung angesagt, Telepolis, 17. 6. 2005, http://www.heise.de/tp/r4/artikel/20/20334/1.html.

7 Vgl. Hannes Relssienk, Die neuen Vandalen. Wenn Terror zum Alltag wird, in: P.M.-Magazin, H. 2 (2006), http://www.pm-magazin.de/de/heftartikel/artikel_id1205.htm.

8 Vgl. Demandt, Vandalismus, S. 19 und S. 22.

9 Vgl. ebenda, S. 36. Als quasi ehrbare Zeugen solcher ›Kavaliersdelikte‹ führt Demandt allerdings den achtjährigen George Washington und den ›zur Tatzeit‹ erst drei- oder vierjährigen Johann Wolfgang Goethe an und setzt das fehlende Unrechtsbewusstsein kleiner Kinder mit dem In-Brand-Setzen von Autos durch »halbstarke Hooligans« gleich.

10 Vgl. z.B. Detlev Puls/Eduard P. Thompson (Hg.), Wahrnehmungsformen und Potestverhalten. Studien zur Lage der Unterschichten im 18. und 19. Jahrhundert, Frankfurt am Main 1979; sowie verschiedene Beiträge in: Heinrich Volkmann/Jürgen Bergmann (Hg.), Sozialer Protest. Studien zu traditioneller Resistenz und kollektiver Gewalt in Deutschland vom Vormärz bis zur Reichsgründung, Opladen 1984.

11 Vgl. z.B. Arnold P. Goldstein, The Psychology of Vandalism, New York 1996.

12 Die deutsche Empörung fasst August Friedrich Kleinschmidt zusammen: Ueber den sogenannten Vandalismus. Eine Abhandlung, in: August Haacke (Hg.), Programm des Gymnasiums zu Torgau, mit welchem zu der Feier des Schröderschen Stiftungs-Aktus am 21. März 1875 ergebenst einladet [...], Torgau 1875.

13 O.A., »Vandalismus«, in: *Korrespondenzblatt für den akademisch gebildeten Lehrerstand* 16 (1908), S. 378f. (Wiederabdruck eines Artikels aus den *Blättern für die Fortbildung des Lehrers und der Lehrerin*, 2. Jg. (1908) Heft 17).

14 Schiller an Goethe. Jena den 23. Januar 1798. Zit. nach Briefwechsel zwischen Schiller und Goethe, Bd. 1, Stuttgart 1881 (4. Aufl.), Nr. 408. Hier geht es ausschließlich um den Umgang mit »Kunstwerken«.

15 Karl Marx, Der Bürgerkrieg in Frankreich, 30. 5. 1871, aus: Karl Marx/Friedrich Engels, Werke, Bd. 17, 5. Aufl., Berlin 1973, S. 358f.

16 Johann Georg Krünitz, »Oekonomische Encyklopädie oder allgemeines System der Staats- Stadt- Haus- und Landwirthschaft«, 1773–1858, 242 Bde., Bd. 203 (1850) Usanie – Venedig, http://www.kruenitz1.uni-trier.de/xxx/v/kv00186.htm.

17 Zit. nach Der Digitale Grimm, Das Deutsche Wörterbuch der Brüder Grimm (DWB), Bd. 5, 1873.

18 Times Digital Archive, 30. 3. 1921, S. 4 und 27. 3. 1857, S. 4.

19 Times Digital Archive, 3. 1. 1844, S. 5. Diesen Befund ergab die Volltextrecherche in der vollständig digitalisierten *London Times* (1785–1985).

20 Times Digital Archive, *The Times*, 13. 9. 1864, S. 10.

21 Z.B. Wilhelm V. Landgraf zu Hessen, Edikt gegen den Vandalismus in Cassel, 12. 5. 1629 (UB Göttingen).

22 Zit. nach Jochen Engmann, Stadt sollte sich sauber und freundlich zeigen. Schon vor über hundert Jahren ärgerten sich Bürger über Vandalismus, in: *Schweriner Volkszeitung/Anzeiger für Sternberg* vom 25. 3. 2004, Bd. 59, S. 17.

23 Times Digital Archive, 3. 9. 1958, S. 11.

24 Vgl. z.B. *Blätter für Rechtsanwendung*, Ergbd. 15, 1897, S. 286f: http://dlib-zs.mpier.mpg.de/mj/kleioc/0010/exec/bigpage/%222084702%5f15%2b1897%5f0306%22 in der »Digitalen Bibliothek« des MPI für Rechtsgeschichte Frankfurt am Main.

25 Vgl. Friedrich Hacke, Der grobe Unfug. Eine Studie, Leipzig 1892. Zum Thema erschienen zwischen 1892 und 1936 sechs juristische Dissertationen.

26 Zit. nach Der Digitale Grimm, DWD, Bd. 6, 1885, unter Berufung u.a. auf Goethe und Wieland.

27 »Mutwille« (Autor: der Jugendpsychologe Gustav Siegert), in: Encyklopädisches Handbuch der Pädagogik, 2. Aufl., Langensalza 1907, S. 68f.

28 »Rohheit«, in: Handwörterbuch für den Deutschen Volksschullehrer, Dresden 1874, S. 132.

29 »Mutwille«, Encyklopädisches Handbuch, S. 68f.

30 »Mutwille« (Autor: der streng protestantische Stuttgarter Oberschulrat Hermann Mosapp), in: Lexikon der Pädagogik, Bd. 3, Freiburg/Br. 1914, S. 792–794.

31 Hinweise darauf bei Karl Hildebrandt, Die »Nationelle Unart« des Vandalismus in Preussen und Italien, in: Italien in Preußen. Preußen in Italien. Ein Kolloquium der Winckelmann-Gesellschaft [...] vom 25. bis 27. Oktober 2002, Stendal 2006, S. 41–52, hier S. 41 und S. 49.

32 Willebrand, Johann Peter, Grundriß einer schönen Stadt in Absicht ihrer Anlage und Einrichtung zur Bequemlichkeit, zum Vergnügen, zum Anwachs und zur Erhaltung ihrer Einwohner, nach bekannten Mustern entworfen. Nebst einer Vorrede von der Wirkung des Clima auf

die Gesinung und Gesetzgebung der Völker, Hamburg, Leipzig, 1775, T. 1, § 170 Kurze Nachricht vom Anwachs der Verschönerung der Stadt Rom. [...] Einige von Roms Policey-Anstalten; http://www.tu-cottbus.de/BTU/Fak2/TheoArch/D_A_T_A/Architektur/20.Jhdt/Willebrandt/Willebrandt_Grundriss.htm. Zum Autor vgl. Allgemeine Deutsche Biographie, Bd. 43, S. 261 f.

33 C. M. Wieland an J. W. v. Archenholtz, 8. November 1783, in: S. Scheibe, Wieland Briefwechsel, Bd. 8, T. 1, S. 150, zit. nach Historicum.net: http://www.historicum.net/themen/klassiker-der-geschichtswissenschaft/a-z/art/Schloezer_Augus/html/artikel/4826/ca/2807dca2d3/.

34 28. Febr. 1784, in: *Stats-Anzeigen*, Bd. 6, 1784, S. 135–136.

35 Edikt gegen den Vandalismus in Cassel, 12. 5. 1629.

36 »Im Bart liegt die Stärke«, so das Handwörterbuch des deutschen Aberglaubens (1927), Bd. 1, S. 930, Reprint: Berlin 1986.

37 »Obwol Dieberey und Muthwillen böser Leute und unartiger Jugend zu vermeiden die Kirchen hieselbst eine Zeit her verschlossen gehalten und allein gegen den Gottes-Dinst oder sonst fürfallende Nothwendigkeit geöffnet, solches aber [...] schädlich gefunden wird [...] so hat E. E. Rath hiemit verordnet [...] die gesambten Kirch-Thüren täglich zu öffnen [...]«, Wismar, 7. 3. 1691.

38 »Demnach Wir Rector und Professores der Fürstlichen Sächsischen gesambten Universität zu Jena mit grosser Befrembdung erfahren und vernehmen müssen, daß die alhier befindliche Studenten-Jungen und Diener sich bißher gelüsten lassen, nicht nur allein des Tages an gewöhnlichen Wochen-Märcken und sonsten, allerhand Frevel und Muthwillen zu verüben«, Jena, 6. 5. 1666.

39 Von Gottes Gnaden/ Wir Ernst/ Hertzog zu Sachsen/ Jülich/ Cleve und Bergk/ [...] Fügen hiermit zu wissen: Demnach wir [...] mit grossem Mißfallen vernehmen

müssen/ daß/ ungeachtet der bey unserm Gymnasio zu Gotha verfasten Satzungen und Ordnungen/ auch [...] Bestraffung/ dennoch der Unfug/ Muthwill und Ungehorsam/ [...] täglich sich vermehren [...]«, Friedenstein, 16. 4. 1663.

40 Edikt der Regierung in Blankenburg mit dem Verbot, früchtetragende Bäume zu beschädigen, Blankenburg, 5. 7. 1689 (HAB Wolfenbüttel, VD17).

41 Vgl. Edict vom 12ten Febr. 1786, die freventliche und muthwillige Beschädigung der Bäume betreffend, in: *Annalen der Braunschweig-Lüneburgischen Churlande*, 1. Jg. (1787) 1. St., S. 16–19.

42 Wir Johann Philipps von Gottes Gnaden [...] Demnach uns mehrmalen klagent vor: und angebracht worden/ daß etliche boßhaffte Leut/ sich sowohl bey Tag als Nächtlicher weil höchststraffbahrer und verbottener weiß/ undernehmen und gelüsten lassen/ die junge [...] Bäume [...] zu verschneiden [...] oder in andere weeg boßhafftig zubeschädigen/ oder gar auff den grund zuverderben [...], Mainz, 13. 4. 1671.

43 Zu diesem Aspekt vgl. Dirk Blasius, Sozialprotest und Sozialkriminalität in Deutschland. Eine Problemstudie zum Vormärz, in: Volkmann/Bergmann (Hg.), Sozialer Protest, S. 212–227; und Arno Herzig, Vom sozialen Protest zur Arbeiterbewegung. Das Beispiel des märkisch-westfälischen Industriegebietes (1780–1865), in: ebenda, S. 253–280, bes. S. 260ff.

44 Verordnungen Ernst Augusts, Herzogs von Yorck und Albanien, Bischoffs zu Osnabrück [...] Wieder das muthwillige Schänden und Verderben der gepflantztten jungen Bäume, Potten und dergleichen jungen Holtzes, Osnabrück, 3. 11. 1724. Oder: Churfürst Johann Friedrich Carls zu Maintz Verordnung gegen die muthwillige Beschädigung der Mahlsteine, der jungen Bäume, Weinstöcke etc., Erfurt 1748. Sie wurde 1752 erneuert.

45 Edikt gegen den Vandalismus in Cassel, 12. 5. 1629.

46 Christian Gotthilf Anger, Nur der Menschenfreund kann erhörlich beten, und Die schwere Versündigung derer, die junge Obst- und andere Bäume entwenden oder beschädigen. Zwo Predigten zum Besten einiger durch Überschwemmung bey der Eisfahrt 1799 in Armuth versetzter Unterthanen Chursachsens / erstere am Sonntage Miseric. Dom. über 5. B. Mos. 20, 19 in der Kirche zu St. Marien in Zwickau gehalten«, Zwickau 1799.

47 Vgl. die diversen Arbeiten Joachim Radkaus zum Thema, etwa: Holzverknappung und Krisenbewußtsein im 18. Jahrhundert, in: *Geschichte und Gesellschaft*, 9. Jg. (1983) H. 4, S. 513–543; sowie ders., Zur angeblichen Energiekrise des 18. Jahrhunderts. Revisionistische Betrachtungen über die »Holznot«, in: *Vierteljahrsschrift für Sozial- und Wirtschaftsgeschichte*, 73. Jg. (1986), S. 1–37; und ders., Das Rätsel der städtischen Brennholzversorgung im »hölzernen Zeitalter«, in: Dieter Schott (Hg.), Energie und Stadt in Europa. Von der vorindustriellen »Holznot« bis zur Ölkrise der 1970er Jahre, Stuttgart 1997 (= VSWG-Beiheft 135), S. 43–75.

48 Vgl. etwa Caspar Matthias Schwartz, Königl. schwedisches Krieges-Recht, mit Aller andern zum öffentlichen Trucke beforderten Articulus-Brieffen, Concordantien und dienlichen Remissionen auff einige bewehrte Scribenten […], Stade 1673, hier Art. 99; oder diverse in: Johann Christian Lünig, Corpus Juris Militaris. Des Heil. Roem. Reichs, Worinn das Kriegs-Recht sowol Der Roem. Kayserl. Majestaet als auch Desselben Reichs und dessen Creisse insgemein ingleichen Aller Churfuersten und Derer maechtigsten Fuersten und Staende in Teutschland insonderheit enthalten ist (Faksimiledruck d. Ausg. Leipzig 1723), Osnabrück 1968, http://www.bibliothek.uni-augsburg.de/dda/dr/hist/we_00055-00056.

49 Vgl. etwa Ordnung betr. Schießereien auf der Straße und

Beschädigungen der Wälle, Bremen, 7. 6. 1652, in: Bremische Verordnungen, Vol. 1, 1635–1704, Staatsbibliothek Berlin. Vgl. dazu ausführlich mit diversen Fallbeispielen Maren Lorenz, Das Rad der Gewalt. Militär und Zivilbevölkerung in Norddeutschland nach dem Dreißigjährigen Krieg (1650–1700), Köln u.a. 2007, insb. Kap. IV.

50 Vgl. dazu Lorenz, Rad der Gewalt, insb. Kap. V.

51 Vgl. Edict vom 12ten Febr. 1786, die freventliche und muthwillige Beschädigung der Bäume betreffend, in: *Annalen der Braunschweig-Lüneburgischen Churlande*, 1. Jg. (1787) 1. St., S. 16–19.

52 Johann Gottfried Seume, Apokryphen. Frankfurt am Main 1966 (geschr. 1806/7, publ. 1869), S. 98 f.

53 Seume, Apokryphen, S. 99 (Hervorh. i. O.).

54 Verordnung von Ernst August Constantin, Hertzog zu Sachsen, Juelich, Cleve und Berg, Eisenach, 9. 2. 1758.

55 Gnädigste Verordnung daß niemand bey 50 Rthl. Strafe die Brunnen Teuchlen beschädigen solle, Zweybrücken, 2. 7. 1772.

56 Demnach Ein Wol-edler Hochweiser Raht dieser Stadt mit nicht geringem Mißvergnügen vernehmen müssen, Bremen, 30. 11. 1728 [Verbot der nächtlichen Beschädigungen der Deicharbeiten der Anlieger].

57 Willebrand, Grundriß (§. 120 Von der Zierde um den Kirchen).

58 Ebenda (§. 108 Von Anstalten auf den Stadt-Wällen). Ein entsprechendes »Mandatum« ist z.B. bezüglich des Bollwerks in Travemünde vom 20. 7. 1771 vom Lübecker Stadtrat überliefert.

59 Vgl. Wohlverdientes Todesurtheil, eines 13jährigen Knaben […], in: *Journal von und für Deutschland*, 4. Jg. (1787) 10. St., S. 371–372.

60 Allerdings wurden dabei in der Regel geschlechtsspezifische Kriterien angelegt. Vgl. dazu ausführlich Maren Lorenz, Kriminelle Körper – Gestörte Gemüter. Die

Normierung des Individuums in Gerichtsmedizin und Psychiatrie der Aufklärung, Hamburg 1999, S. 289–300; sowie für das 19. Jahrhundert: Regina Schulte, Das Dorf im Verhör. Brandstifter, Kindsmörderinnen und Wilderer vor den Schranken des bürgerlichen Gerichts. Oberbayern 1848–1910, Reinbek 1989, S. 41–86; auch Otto Ulbricht, Rätselhafte Komplexität. Jugendliche Brandstifterinnen und Brandstifter in Schleswig-Holstein ca. 1790–1830, in: Andreas Blauert/Gerd Schwerhoff (Hg.), Kriminalitätsgeschichte. Beiträge zur Sozial- und Kulturgeschichte der Vormoderne, Konstanz 2000, S. 801–830.

61 In: *Journal von und für Deutschland*, 1. Jg. (1784) 12. St., S. 409f.

62 Anonym, Warum in Italien gar nicht, und in Deutschland so oft öffentliche Denkmähler beschädigt werden, in: *Journal von und für Deutschland*, 2. Jg. (1785) 6. St., S. 513.

63 1) Anonym, Was ist die Ursache, warum, wenigstens in vielen Theilen von Deutschland, Zierrathen, an öffentlichen Gebäuden, Brücken, Geländern, Monumenten, Meilensäulen, Bäume und Bänke in Alleen u.d.gl. aus leeren Muthwillen öfterer, als in Italien und andern Ländern, verdorben werden? und wie läßt sich diese wie es scheint, nationelle Unart, am sichersten und geschwindesten ausrotten, in: *Journal von und für Deutschland*, 8. Jg. (1791) 10. St., S. 825–833; 2) Samuel Simon Witte, Über die Ursachen muthwilliger Beschädigungen der Zierrathen öffentlicher Gebäude und Sachen und ihre Ausrottung, Leipzig 1792; 3) Anonym, Herostrat oder über den Muthwillen in Deutschland, öffentliche Anlagen zu verderben, und patriotische Vorschläge zur Ausrottung desselben, Potsdam 1792; 4) Theodor Gottlieb von Hippel, Ueber die Mittel gegen die Verletzung öffentlicher Anlagen und Zierrathen, Berlin 1792, in: Theodor Gottlieb Hippel's sämmtliche Werke, Bd. 11,

Berlin 1828, S. 1–58; 5) Johann Jacob Cella, Was ist die Ursache, warum, wenigstens in vielen Theilen von Deutschland, Zierrathen an öffentlichen Gebäuden, Brücken, Geländern, Monumenten, Meilensäulen, Bäume und Bänke u. d. m. aus leerem Muthwillen öfter als in Italien und andern Ländern verdorben werden? – Und wie läßt sich diese, wie es scheint, nationelle Unart am sichersten und geschwindesten ausrotten? – eine im July 1791 von der königlichen Societät der Wissenschaften zu Göttingen gekrönte Preisschrift, Gießen 1793. – Zwei der Texte waren anonym verfasst, der eine Autor nannte sich nach dem antiken Brandstifter »Herostrat«, der andere blieb namenlos. Vier Texte hatten einen Umfang von 70 bis 84 Seiten, einer von nur acht. Ein weiterer, der nach eigener Aussage durch die Ausschreibung inspiriert, aber vom Treuenbrietzener Justizassessor Karl Friedrich Wiesiger in diesem Fall nicht eingereicht worden war, erschien in einem ökonomischen Journal. Im Nachklang der Preisfrage wurden noch einige kurze Rezensionen in verschiedenen aufklärerischen Zeitschriften gedruckt.

64 [Christian Gottlob] Heyne, *Göttingische Anzeigen von Gelehrten Sachen*, 131. St., 15. Aug. 1791, S. 1313–1319.

65 Cella, Ursache, S. 30f.

66 Vgl. dazu Michael Maurer, »Nationalcharakter« in der Frühen Neuzeit. Ein mentalitätsgeschichtlicher Versuch, in: Reinhart Blomert/Helmut Kuzmics/Annete Treibel (Hg.), Transformationen des Wir-Gefühls. Studien zum nationalen Habitus, Frankfurt am Main 1993, S. 45–81; sowie Hildebrandt, Nationelle Unart, S. 44f. Vgl. auch Willebrand, Grundriß, darin in der Vorrede: »Betrachtung über die Wirkungen des Clima auf der Menschen Gesinnung und Gesetzgebung«. Er widmet insgesamt 31 Paragraphen allein diesem Thema, insbesondere den Italienern.

67 Cella, Ursache, S. 40.
68 Vgl. dazu Holger Böning (Hg.), Volksaufklärung. Eine praktische Reformbewegung des 18. und 19. Jahrhunderts, Bremen 2007.
69 Vgl. Hippel, Mittel, S. 16.
70 Ebenda, S. 13.
71 Ein handschriftlicher Vermerk in Sütterlin auf der Ausgabe der Staatsbibliothek Berlin bezeichnet einen Prediger Schmidt aus Crussow [Angermünde/Uckermark] als Verfasser. Weitere Hinweise ließen sich nicht ermitteln.
72 Herostrat oder über den Muthwillen, hier S. 27–38 und S. 71 f. (mit vielen Beispielfällen).
73 Vgl. ebenda, S. 72.
74 Vgl. ebenda, v.a. S. 19–27.
75 Vgl. Witte, Ursachen, S. 30; sowie Hippel, Mittel, S. 21 f., S. 24 f. Zu Hippel siehe umfassend Joseph Kohnen, Sorgen eines Bürgermeisters. Zu Hippels Abhandlung »Über die Mittel gegen die Verletzung öffentlicher Anlagen und Zierrathen« (1792), in: Centre Universitaire de Luxembourg (Hg.), Germanistik Fascicule XIII, Luxemburg, 1998, S. 7–30.
76 So Witte, Ursachen, S. 53.
77 Dies deutet Hippel, Mittel, S. 6, in seinem Vorwort an.
78 »Erneuertes und geschärfftes Edict [...]«, Berlin, 24. 2. 1733; sowie Edict, daß bei Strafe der Karre [...], Berlin um 1780. Dies richtete sich gegen das Beschädigen der Maulbeerplantagen, vgl. auch Hippel, Mittel, S. 45–51.
79 Vgl. Hippel, Mittel, S. 50 f.
80 Obrigkeitliche Warnung. Es ist beschwerend zur Anzeige gekommen, daß der Kirchhof zu St. Pauli in der Neustadt, von der Jugend zum Spielplatze gemißbrauchet und bey der Gelegenheit oftmals die Kirche, besonders die Fenster in derselben beschädiget, ja sogar der Gottesdienst gestöret werde [...], Bremen 1808.

81 Vgl. Witte, Ursachen, S. 26, auch S. 23 ff.

82 Hippel, Mittel, S. 47.

83 Johann Christoph Friedrich GutMuths, Ueber Beschädigung der Baumpflanzungen und über Schulplantagen, in: *Bibliothek der pädagogischen Literatur verbunden mit einem Correspondenzblatte, welches pädagogische Abhandlungen, Aufsätze, Anfragen, Nachrichten, Wünsche, Zweifel, Vorschläge &c. enthält, und einen Anzeiger*, Bd. 1 (1800) H. 1, S. 105–109. Die Idee lebt, vgl. Karl Manzelmann, Von Klassenbeeten zum ganzheitlichen Schulpark: Beispiel Schule Arnkielstraße. Weniger Vandalismus, mehr Achtung vor Pflanzen und Tieren, in: *Blätterrauschen* (1998), 12, S. 16–18.

84 Rudolph F. H Magenau, Ein Wort über die Beschädigung der Bäume, in: *Theoretisch-practisches Handbuch für deutsche Schullehrer und Erzieher*, Bd. 5 (1812) H. 1, S. 56–71, hier 58; vgl. auch J. S. Buettner, Wie kann die Achtung gegen öffentliche Denkmale, Kunstwerke [...] und Bäume befördert werden?, Potsdam, 1804. (Er war ebenda Schuldirektor und leidenschaftlicher Kunstlehrer und hatte sich wohl bei den publizierten Preisschriften für seinen öffentlichen Vortrag bedient.)

85 Vgl. Magenau, Wort, S. 67 f.

86 Winfried Speitkamp, Jugend in der Neuzeit. Deutschland vom 16. bis zum 20. Jahrhundert, Göttingen 1998, S. 71.

87 Otto Beneke, Hamburgische Geschichten und Denkwürdigkeiten, Hamburg 1856, S. 449 ff. Zit. nach Katharina Rutschky, Deutsche Kinder-Chronik. Wunsch- und Schreckensbilder aus vier Jahrhunderten, Köln 1983, S. 361 f.

88 Grißhammer, Ueber Beschädigung öffentlicher Denkmäler und Anlagen, in: *Allgemeine Schulzeitung. Ein Archiv für die neueste Geschichte des gesammten Schul-, Erziehungs- und Unterrichtswesens der Universitäten, Gymna-*

sien, Volksschulen und aller höheren und niederen Lehranstalten, 2. Jg. (1825) Nr. 124, S. 985–989.

89 Umfassende Regelungen verschiedener deutscher Länder finden sich in: Eduard Leutz, Die Sachbeschädigung. Historisch und dogmatisch dargestellt, Mannheim u.a. 1914, bes. S. 2–45 und S. 137–152.

90 Vgl. Leutz, Sachbeschädigung, S. 137.

91 Vgl. ebenda, S. 139f.

92 Vgl. ebenda, S. 115–125.

93 Zum bürgerlichen Besitztumsgedanken vgl. Christoph Ulmschneider, Eigentum und Naturrecht im Deutschland des beginnenden 19. Jahrhunderts, Berlin 2003.

94 Vgl. Speitkamp, Jugend, S. 100f.; und Herzig, Vom sozialen Protest.

95 Obrigkeitliche Bekanntmachung vom 10. 7. 1835, publiziert am 11. 7. 1835 im *Solinger Kreis-Intelligenzblatt*«, zit. nach Michael Tettinger, http://www.tetti.de/SOLINGEN/ARNSBERGERKOTTEN/1835obrigkeit.html.

96 Vgl. Friedrich Engels, Briefe aus dem Wuppertal. Geschrieben im März 1839, in: Karl Marx/Friedrich Engels – Werke, Band 1, Berlin/DDR 1976, S. 413–432, hier 417f.; http://www.mlwerke.de/me/me01/me01_413.htm.

97 Z.B. *Bergisches Volksblatt* vom 22. 2. 1856, 8. Jg., Nr. 16, Dorp, den 10. Februar 1856, Carl Clauberg, August Moll. Zit. nach Heinz Rosenthal, *Die Heimat*, 30. Jg. (August 1964) Nr. 8, S. 31, Michael Tettinger: http://www.tetti.de/SOLINGEN/ANSCHLAGKOTTEN/rosenthal196408dh.html.

98 Vgl. Chris Cunneen, Arbeiterjungen und »Verbrechen«. Ein Versuch das Durcheinander von Klasse und Geschlecht zu ordnen, in: *Das Argument* (1986) 167, S. 368–377; sowie Martin Leuenberger, Zur Kriminalisierung der Normalität: Die Definitionsgewalt von Polizisten

gegenüber Jugendlichen Ende des 19. Jahrhunderts, in: Alf Lüdtke (Hg.), »Sicherheit« und »Wohlfahrt«. Polizei, Gesellschaft und Herrschaft im 19. und 20. Jahrhundert, Frankfurt am Main 1992, S. 133–158, bes. S. 145 f.

99 Vgl. Bernd Wirsing, »Gleichsam mit Soldatenstrenge«. Neue Polizei in süddeutschen Städten. Zu Polizeiverhalten und Bürger-Widersetzlichkeit im Vormärz, in: Lüdtke (Hg.), Sicherheit, S. 65–94, hier S. 73; sowie Silke Möller, »Bier, Unfug und Duelle«? Corpsstudentische Erziehung im deutschen Kaiserreich 1871–1914, München 2004.

100 Z.B. Verordnung, betreffend die polizeiliche Bestrafung der Beschädigungen an Eisenbahnen so wie die Ahndung der Uebertretung sonstiger, die Sicherung des Betriebes auf Eisenbahnen bezweckenden Vorschriften, für das Herzogthum Holstein, Kopenhagen, 16. 5. 1845 oder: Besonderer Theil: Cap. XII–XVIII, die Gesetze, die Beschädigung von Eisenbahnen und Telegraphen, sowie die Bestrafung der Forst- u.a. Diebstähle betreffend, Leipzig 1855.

101 Vgl. dazu Leuenberger, Kriminalisierung, hier S. 152.

102 Vgl. dazu Speitkamp, Jugend, S. 102 f.

103 Sämtliche Bilderbücher wurden sorgfältig digitalisiert von Jochen Schöpflin, http://www.wilhelm-busch-seiten.de/werke/nachfolger.html. In den USA wurden »The Katzenjammer Kids« bereits 1897 von Rudolph Dirks in den »Sunday comic pages« des *New York Journal* im Auftrag des Herausgebers William Randolph Hearst erschaffen, http://www.geocities.com/~jim lowe/katzies/katzdex.html. Vgl. auch Herwig Guratzsch (Hg.), 125 Jahre Max und Moritz. Entstehung und Wirkung des berühmten Buches. Jubiläumsausstellung (Wilhelm-Busch-Museum Hannover), Stuttgart 1990.

104 Vgl. dazu Wilfried von Bredow/Thomas Noetzel, Lehren des Abgrunds (= Politische Theorie für das 19. Jahrhundert, Bd. 1), Münster 1991.

105 Herbert Reinke, »... hat sich ein politischer und wirtschaftlicher Polizeistaat entwickelt«. Polizei und Großstadt im Rheinland vom Vorabend des Ersten Weltkriegs bis zum Beginn der Zwanziger Jahre, in: Lüdtke (Hg.), Sicherheit, S. 219–242; sowie ders., »Großstadtpolizei«. Städtische Ordnung und Sicherheit und die Polizei in der Zeit des deutschen Kaiserreiches (1871–1918), in: Martin Dinges/Fritz Sack (Hg.), Unsichere Großstädte? Vom Mittelalter bis zur Postmoderne, Konstanz 2000, S. 217–240. Vgl. zur Tradition seit der Restauration auch Speitkamp, Jugend, S. 101 ff.

106 Vgl. Reinke, Polizeistaat, hier S. 221 ff.

107 Vgl. ebenda.

108 Vgl. ebenda, hier S. 224–230.

109 In: *Blätter für Rechtsanwendung*, Ergbd. 5 (1886), S. 88 f., http://dlib-zs.mpier.mpg.de/mj/kleioc/0010/exec/bigpage/%222084702 %5f05 %2b1886 %5f0118 %22 in der »Digitalen Bibliothek« des MPI für Rechtsgeschichte Frankfurt am Main.

110 Karl Janssen, Deutsche Schlachtendenkmäler. Wie sie sind und was sie sein sollten, in: *Deutsche Zeit- und Streitfragen*, N.F., 4. Jg. (1889) H. 50/51, S. 56 f.

111 Zur Fragwürdigkeit solcher Statistiken vgl. Dietrich Oberwittler, Jugendkriminalstatistik und ihre Interpretation. Zur Entwicklung der Jugendkriminalität in Deutschland und England in der zweiten Hälfte des 19. und frühen 20. Jahrhunderts, in: *Historical Social Research*, 83 Jg. (1997) H. 22, S. 198–227.

112 Die genauen Zahlenangaben finden sich bei Richard Bessel, Militarisierung und Modernisierung. Polizeiliches Handeln in der Weimarer Republik, in: Lüdtke (Hg.), Sicherheit, S. 323–343, hier S. 339 f.; und Frank

Kebbedies, Außer Kontrolle. Jugendkriminalität in der NS-Zeit und der frühen Nachkriegszeit, Essen 2000, S. 30–34; sowie bei Heinz Salewski, Zur Soziologie und Strafwürdigkeit der Sachbeschädigung, Breslau 1935, S. 13–19.

113 Vgl. Detlev Peukert, Grenzen der Sozialdisziplinierung. Aufstieg und Krise der deutschen Jugendfürsorge von 1878 bis 1932, Köln 1986; sowie auch Kebbedies, Außer Kontrolle, S. 29–54; und Anonym, Die zunehmende Verrohung unserer männlichen Jugend, Teil 1 und Teil 2, in: *Allgemeine Deutsche Lehrerzeitung*, 51. Jg. (1899) H. 19 und 20, S. 191–193 und 201–203.

114 Mit verschiedenen Belegen und Verweisen auf den öffentlichen Diskurs vgl. Anonym, Zunehmende Verrohung, hier S. 201 ff.

115 Vgl. Kebbedies, Außer Kontrolle, S. 144 ff.

116 Vgl. auch ebenda, S. 45, mit weiterführender Literatur.

117 Vgl. z.B. Paul Felix Aschrott, Die Behandlung der verwahrlosten und verbrecherischen Jugend und Vorschläge zur Reform, Berlin 1892. Zum gesamten Diskurs, hier unter Bezug auf Österreich, vgl. Robert Wegs, Youth delinquency and »crime«. The perception and the reality, in: *Journal of Social History*, 32. Jg. (1999) H. 3, S. 603–621. Auch er diagnostiziert eine öffentliche »youth crime panic«, hier S. 603.

118 Vgl. Heinrich Reicher, Die Fürsorge für die verwahrloste Jugend, 3 Teile, Wien 1904–1910; sowie ders., Die Probleme des Jugendschutzes und die moderne Gesetzgebung, Lennep 1911.

119 Vgl. etwa K. K. F. Uebel, Die Behandlung vernachlässigter, verführter, verwahrloster, verwilderter, verrohter und verkommener Kinder, in: *Pädadogische Reform* (Hamburg) 16. Jg. (1892) H. 19, S. 111; vgl. Wilhelm August Friedrich Karl Zeller (1842–1897), Das grossherzogl. hessische Gesetz über die Unterbringung ju-

gendlicher Uebelthäter und verwahrloster Kinder, vom 11. Juni 1887, in: *Archiv für öffentliches Recht*, 6. Jg. (1891) H. 2, S. 324–339.

120 Vgl. G[ustav?] Klemm (Dresden), in: *Kinderland. Blätter für ethische Jugenderziehung*, 15. Jg. (1907) H. 11, S. 43 f.

121 Z. B. »Mutwille«, »Tierquälerei«, »Verwahrlosung« und »Zerstörungstrieb«, in: Wilhelm Rein (Hg.), »Encyklopädie der Pädagogik«, Langensalza 1907, Bd. 7, S. 68 f., S. 190–200; Bd. 9, S. 618–631; Bd. 6, Nachträge, S. 468 f. S. auch »Mutwille« und »Zerstörungssucht«, in: Ernst M. Roloff (Hg.), »Lexikon der Pädagogik«, Freiburg/Br. 1914, Bd. 14, S. 792 f. bzw. 1917, Bd. 17, S. 987 f.

122 Vgl. etwa »Mutwille«, in: Hermann Schwartz (Hg.), »Pädagogisches Handbuch in Verbindung mit der Gesellschaft für evangelische Pädagogik«, Bielefeld u. a. 1930, Bd. 4, S. 797 f.

123 Vgl. etwa die zweibändige »Encyklopädie der Pädagogik vom gegenwärtigen Standpunkte der Wissenschaft und nach den Erfahrungen der gefeiertsten Pädagogen aller Zeiten«, bearb. von einem Vereine praktischer Lehrer und Erzieher, Leipzig 1860, oder K. A. Schmid (Hg.), »Encyklopädie des gesammten Erziehungs- und Unterrichtswesens«, Gotha 1859–1878; oder J. G. C. Wörle (Hg.), »Encyklopädisch-pädagogisches Lexikon oder vollständiges, alphabetisch geordnetes Hand- und Hilfsbuch der Pädagogik und Didaktik; zum Behuf des praktischen Lehrfachs, so wie zu Conferenz-Aufsätzen und Examina für Volks-Lehrer und Seminaristen, nach den besten Quellen und dem neuesten Standpunkt der Literatur«, Heilbronn 1835.

124 Z. B. Anonym, Die Verrohung der Jugend und Mittel dagegen. Von einem Juristen u. Jugendfreunde. Mit einer statistischen Beilage, Kempten 1897, hier S. 74; oder

Johannes Schlüter, Himmelschreiende Sünden! Ein kurzes Wort zu der großen Frage: Woher kommt die Entartung und Verrohung unserer Jugend?, Kiel/Leipzig 1900.

125 Zitat: Anonym, Verrohung, passim, bes. S. 16–19. (Der Autor liefert zusätzlich eine regelrechte kleine Kulturgeschichte des Marionettentheaters.)

126 Vgl. Kaspar Maase, Die soziale Bewegung gegen Schundliteratur im deutschen Kaiserreich. Ein Kapitel aus der Geschichte der Volkserziehung, in: *Internationales Archiv für Sozialgeschichte der deutschen Literatur*, 27. Jg. (2002) H. 2, S. 45–123; sowie Reinke, Polizeistaat, hier S. 234ff.; und Speitkamp, Jugend, S. 179f.

127 Dazu Sebastian Kurme, Halbstarke. Jugendprotest in den 1950er Jahren in Deutschland und den USA, Frankfurt am Main 2006, S. 178–185. Zum Terminus des Halbstarken, aber auch des »Brit[en]« und »Butje« in den Großstädten um 1900 vgl. auch Günther Kaiser, Randalierende Jugend. Eine soziologische und kriminologische Studie über die sogenannten »Halbstarken«, Heidelberg 1959, S. 13–21.

128 Clemens Schultz, Die Halbstarken (Psychologische Studien über die Jugend), Leipzig 1912, S. 8. Vgl. dazu auch Thomas Grotum, Die Halbstarken. Zur Geschichte einer Jugendkultur der 50er Jahre, Frankfurt am Main 1994, S. 24–27; sowie Kurme, Halbstarke, S. 180f. Zu Schultz vgl. das Biographisch-Bibliographische Kirchenlexikon, http://www.bautz.de/bbkl/s/s1/schultz_c_e_f.shtml.

129 Schultz, Halbstarke, S. 8.

130 Ebenda, S. 8 und 9.

131 Vgl. dazu Kaspar Maase, Die Straße als Kinderstube. Zur ästhetischen Säuberung der Städte vor dem 1. Weltkrieg, in: *Dialektik. Enzyklopädische Zeitschrift für Philosophie und Wissenschaften*, 4. Jg. (1994) H. 2, S. 49–78.

132 Vgl. dazu Speitkamp, Jugend, S. 129–132.

133 Paul Rieckhoff, Wie ist der Verrohung und Verwilderung unserer Jugend während der Kriegszeit vorzubeugen?, in: *Der Volksschullehrer. Organ für die Interessen der Volksschule*, 9. Jg. (1915) H. 46, S. 544–546, hier S. 546.

134 Salewski, Soziologie, S. 11.

135 Vgl. dazu Kaspar Maase, Kinder als Fremde – Kinder als Feinde. Halbwüchsige, Massenkultur und Erwachsene im wilhelminischen Kaiserreich, in: *Historische Anthropologie*, 4. Jg. (1996) H. 1, S. 93–126; sowie Speitkamp, Jugend, S. 167f. und S. 170f.

136 Wilhelm Dolles, Der »Lausbub« und »Rowdy« als psycho-biologische Rolle, in: *Zeitschrift für pädagogische Psychologie und Jugendkunde*, 21. Jg. (1920) H. 6–8, S. 170–179, hier S. 179.

137 Siehe ausführlich Barbara Stambolis, Mythos Jugend. Leitbild und Krisensymptom. Ein Aspekt der politischen Kultur im 20. Jahrhundert, Schwalbach/Ts. 2003, S. 10.

138 Vgl. dazu Benno Hafeneger, Jugend-Gewalt. Zwischen Erziehung, Kontrolle und Repression. Ein historischer Abriß, Opladen 1994, S. 72–81; siehe v.a. August Aichhorn, Verwahrloste Jugend. Die Psychoanalyse in der Fürsorgeerziehung. Zehn Vorträge zur ersten Einführung, Leipzig 1925 (3. erw. Aufl. Bern 1951, 11. Aufl. 2005!).

139 Alfons Kenkmann, Wilde Jugend. Lebenswelt großstädtischer Jugendlicher zwischen Weltwirtschaftskrise, Nationalsozialismus und Währungsreform, Essen 1996; sowie Kebbedies, Außer Kontrolle.

140 Vgl. Kenkmann, Wilde Jugend, S. 79f.

141 Dirk Walter, Antisemitische Kriminalität und Gewalt. Judenfeindschaft in der Weimarer Republik, Bonn 1999, S. 157–176, speziell zu Jugendlichen S. 166–171.

142 Vgl., Bessel, Militarisierung, hier S. 332.
143 Vgl. Kebbedies, Außer Kontrolle, S. 78f.
144 Vgl. ebenda.
145 Arthur Kießling, Der Unfug als jugendpsychologische Erscheinung, in: *Zeitschrift für pädagogische Psychologie und Jugendkunde*, 35. Jg. (1934) H. 3, S. 109–114. Die in einer Fußnote avisierte Monographie zum Thema ist nie erschienen.
146 Ebenda, S. 110.
147 Ebenda, S. 111f.
148 Reichsgesetzblatt I, 1933, S. 83; vgl. dazu Thomas Raithe/Irene Strenge, Die Reichstagsbrandverordnung. Grundlegung der Diktatur mit den Instrumenten des Weimarer Ausnahmezustandes, in: *Vierteljahrshefte für Zeitgeschichte*, 48. Jg. (2000) H. 3, S. 413–460.
149 Vgl. Verordnung der Reichsregierung über die Bildung von Sondergerichten vom 21. März 1933, Reichsgesetzblatt I, 1933, S. 136–138; Wortlaut auch unter http://www.documentarchiv.de/ns/1933/sondergerichte-bildung_vo.html (VO über die Bildung von Sondergerichten).
150 Vgl. dazu mit vielen Fallbeispielen: Hans-Ulrich Ludewig/Dietrich Kuessner, »Es sei also jeder gewarnt.« Das Sondergericht Braunschweig 1930–1945, Braunschweig 2000.
151 Vgl. Reinhold Keppler, Sabotage lebenswichtiger Betriebe, Tübingen, Univ. Diss., 1935; sowie Rolf Hauer, Die Sabotage im Strafrecht, Freiburg i. Br., Univ. Diss., 1938.
152 Vgl. Kebbedies, Außer Kontrolle, S. 79.
153 Vgl. Martin Moll (Hg.), »Führer-Erlasse« 1939–1945, Stuttgart 1997, S. 486f.
154 Vgl. Martin Guse/Andreas Kohrs, Die »Bewahrung« Jugendlicher im NS-Staat. Ausgrenzung und Internierung am Beispiel der Jugendkonzentrationslager Mo-

ringen und Uckermark, Liebenau 1985; Martin Guse, Haftgrund: »Gemeinschaftsfremder«. Ausgrenzung und Haft von Jugendlichen im Jugend-KZ Moringen; und Agnes Ohm, »Asoziale gestern – Asoziale heute«. Ein Projekt der Gedenkstätte Sachsenhausen, beide in: Dietmar Sedlaczek u.a. (Hg.), »Minderwertig« und »Asozial«. Stationen der Verfolgung gesellschaftlicher Außenseiter, Zürich 2005. Die Artikel: Felix Bluhm/Dietmar Sedlaczek, Statistische Auswertung des Gefangenenbuches des Jugend-KZ Moringen, in: Dokumente. Rundbrief der Lagergemeinschaft und Gedenkstätte KZ Moringen e.V., 23 (2005), S. 18–22 sowie Regina Fritz, Drei Einweisungsfälle ins Jugend-KZ Moringen, in: ebenda, S. 12–15, konnten bezüglich der Haftgründe leider nicht eingesehen werden.

155 Vgl. Guse/Kohrs, Bewahrung, S. 128.

156 Vgl. zum Provokationsverhalten Speitkamp, Jugend, S. 236f. Die zunehmende Kriegsnot lässt sich an der hohen Zahl der wegen Diebstahl verurteilten jugendlichen KZ-Häftlinge ablesen. Vgl. Guse/Kohrs, Bewahrung, S. 135.

157 Siehe http://www.martinguse.de/jugend-kz/entstehung.htm.

158 Vgl. http://www.martinguse.de/jugend-kz/mohaftgruende.htm.

159 Vgl. Guse/Kohrs, Bewahrung, S. 165–194. Zu Ritters Aktivitäten im Nationalsozialismus und danach, u.a. als Leiter der Frankfurter Jugendpsychiatrie, vgl. Joachim S. Hohmann, Robert Ritter und die Erben der Kriminalbiologie. »Zigeunerforschung« im Nationalsozialismus und in Westdeutschland im Zeichen des Rassismus, Frankfurt am Main 1991.

160 Dazu ausführlich: http://www.martinguse.de/jugend-kz/moselektion.htm; sowie Guse/Kohrs, Bewahrung, S. 175 und S. 185.

161 Robert Ritter, Die Artung jugendlicher Rechtsbrecher, in: *Deutsches Jugendrecht. Beiträge für die Praxis und Neugestaltung des Jugendrechts* (1942) H. 4, S. 33–60, hier S. 51 f.

162 Salewski, Soziologie, S. 51.

163 Ebenda, S. 87 ff.

164 Ansätze dazu finden sich auch schon bei Salewski, Soziologie, S. 60 ff. Reflexionen über das »Chronische« S. 69 f. Dennoch konstatiert er S. 77: »[...] ist die Sachbeschädigung kulturell nicht ungünstig zu bewerten, da sie nicht zu den Delikten gehört, in denen der Kriminalitätserreger versteckt und nur schwer fassbar sein Wesen treibt.«

165 Vgl. Ulrike Jureit, Erziehen. Strafen. Vernichten. Jugendkriminalität und Jugendstrafrecht im Nationalsozialismus, Münster u. a. 1995. Zu den Kontinuitäten vgl. ausführlich Kebbedies, Außer Kontrolle, S. 83–122, S. 196–254.

166 Vgl. Kebbedies, Außer Kontrolle, S. 217–230.

167 Vgl. dazu umfassend Thomas Lindenberger, Volkspolizei. Herrschaftspraxis und öffentliche Ordnung im SED-Staat 1952–1968, Köln 2003.

168 Vgl. dazu Patrik von zur Mühlen, Der »Eisenberger Kreis«. Jugendwiderstand und Verfolgung in der DDR 1953–1958, Bonn 1995.

169 Vgl. dazu Kaiser, Randalierende Jugend, S. 94–96.

170 Ausführlich dazu Lindenberger, Volkspolizei, S. 367–443.

171 Vgl. dazu Horst Luther, Das Rowdytum in der Deutschen Demokratischen Republik und seine Bekämpfung, Berlin 1959, Zitate S. 82–97, S. 106–125, S. 165–168; vgl. auch Lindenberger, Volkspolizei, hier S. 383 ff. und S. 400–403; sowie Michael Rauhut, »Wir müssen etwas Besseres bieten.« Rockmusik und Politik in der DDR, in: *Deutschland Archiv*, 30. Jg. (1997) H. 4, S. 572–587, hier S. 574.

172 Vgl. Horst Luther/Wolfgang Seiffert u. a., Die Saat der Gewalt. Zum Rowdytum in Westdeutschland (Schule und Erziehung in Westdeutschland, Bd. 7), Berlin 1960; sowie das illustrierte Heftchen des Juristen Gerhard Feix, das für nur 75 Pfennig zu haben war: Erziehe keinen Rowdy! (Elternhaus und Schule, H. 24), Berlin 1959.

173 Vgl. Rudi Frenzel, Die strafrechtliche Verantwortlichkeit Erwachsener für Verfehlungen von Jugendlichen und Kindern nach § 139b StGB und § 7 JGG, in: *Strafrechtliche Beiträge*, Berlin um 1960, S. 134–168, hier S. 138 und S. 164.

174 Zitiert nach Lindenberger, Volkspolizei, S. 373.

175 Karl Heinz Speckhardt/Horst Luther, Eine gefährliche Form des Verbrechens. Gedanken zur Überwindung des Rowdytums, in: *VP [Volkspolizei]*, 9. Jg. (1956), H. 20, S. 17–19, hier S. 17, zit. nach Lindenberger, Volkspolizei, S. 382, vgl. auch S. 404.

176 Vgl. dazu umfassend Verena Zimmermann, »Den neuen Menschen schaffen«. Die Umerziehung von schwererziehbaren und straffälligen Jugendlichen in der DDR (1945–1990), Köln 2004, hier S. 167f.

177 Vgl. dazu Friedrich-Christian Schroeder, Der Kampf der Sowjetunion gegen das Rowdytum, in: *Jahrbuch für Ostrecht*, 7. Jg. (1976) H. 2, S. 87–132. Vgl. dazu v. a. Luther, Rowdytum, zum SED-Beschluss und der Situation in der Sowjetunion: S. 1f., S. 324. Zu den Ursprüngen des kommunistischen Diskurses vgl. Joan Neuberger, Hooliganism. Crime, Culture, and Power in St. Petersburg, 1900–1914, Berkeley 1993.

178 Dazu umfassend Horst Klapp, Störungen der öffentlichen Ordnung durch Rowdytum und ihre Bekämpfung mit den Mitteln des sozialistischen Strafrechts, insbesondere durch den Staatsanwalt. Masch. Diss. Jur., Jena 1977, bes. S. 45–52.

179 Ebenda, S. 51.
180 Zit. nach Strafgesetzbuch der DDR vom 12. Januar 1968.
181 Vgl. Lindenberger, Volkspolizei, hier S. 382f., S. 391 und S. 399, Zitat S. 403.
182 Konzeption zur politischen Arbeit mit labilen und gefährdeten Jugendlichen (Beschluß des Sekretariats des Zentralrats der FDJ vom 9. 1. 1969), zit. nach Jenseits der Staatsjugend. Warum und wie sich die Staatssicherheit für Jugendliche in der DDR interessierte. Dokumente 1969–1989, Freistaat Thüringen (Landeszentrale für politische Bildung), www.thueringen.de/imperia/md/content/lzt/stasidokumente_ddrjugend.pdf.
183 Luther, Rowdytum, S. 59.
184 Ebenda, S. 62f.
185 Vgl. ebenda, S. 64f.; zur Rolle des Alkohols S. 65ff.
186 Ebenda, S. 67.
187 Ausführlich ebenda, S. 180–209. Zur Situation in der BRD liefert er ein eigenes Schlusskapitel, S. 285–321.
188 Umfassend und detailliert ebenda, S. 203–246.
189 Vgl. z.B. den vermutlich inszenierten Leserbrief, der sofort im Zentralorgan der FDJ erschien: *Junge Welt* vom 12. 9. 1957, online beim Deutschen Filminstitut Frankfurt am Main, http://www.filmportal.de/df/a3/Artikel,,,,,,,,EC3A2F5C3F3233C7E03053D50B37012F,,,,,,,,,,,,,,,,,,,,,,,,,,,.html.
190 Vgl. Heinz Kersten, Die Partei und die DEFA. Die sowjetzonale Spielfilmproduktion im Lichte der Filmkonferenz, in: *SBZ-Archiv* 18/1958, S. 282–286; Ralf Schenk et al., Das zweite Leben der Filmstadt Babelsberg. DEFA-Spielfilme 1946–1992, Berlin 1994, S. 130f. Vgl. auch Julie Gregson, »East or West – A Straight Choice? Representations of Masculinity and Constructions of National Identity in Wolfgang Kohlhaase and Gerhard Klein's Berlin-Ecke Schönhauser«, in:

Daniela Berghahn/Alan Bance (Hg.), Millennial Essays on Film and Other German Studies, Oxford 2002, S. 63–78.

191 So Jörn Seidel, Verzerrte Wahrheiten. Der DEFA-Film Die Glatzkopfbande, in: *Leipzig Almanach. Kulturtagebuch* (2003), http://www.leipzig-almanach.de/film_ddr-propaganda_die_glatzkopfbande_in_der_reihe_spurensuche_filmgeschichte_joern_seidel.html; siehe auch Inge Bennewitz, Die Glatzkopfbande – ein DEFA-Spielfilm und seine Hintergründe, in: Heiner Timmermann (Hg.), Deutsche Fragen. Von der Teilung zur Einheit, Berlin 2001, S. 339–352.

192 Vgl. umfassend Andrea Guder, Das Kriminalgenre im Fernsehen der DDR. Aktueller Forschungsstand und Auswahlbibliographie, in: *HALMA (Hallische Medienarbeiten)* 3, 1996, hier S. 7f.; sowie dies., Jugendkriminalität im DDR-Kriminalfilm, in: Bundeszentrale für politische Bildung. Medienberatung 7, Bonn 1998, S. 25–42.

193 So Wolfgang Mittmann, Krimis in der DDR – Agitprop?, http://www.alligatorpapiere.de/spexial2ddr krimimittmann.html.

194 Vgl. zur Jugendpolitik, wenn auch recht quellenunkritisch, Marc D. Ohse, Jugend nach dem Mauerbau. Anpassung, Protest und Eigensinn (DDR 1961–1974), Berlin 2003, bes. Kap. 2.

195 Vgl. Lindenberger, Volkspolizei, hier S. 333f. und S. 345.

196 Vgl. Klapp, Störungen; sowie Schroeder, Kampf.

197 Klapp, Störungen, S. 7.

198 Ebenda, S. 8f.

199 Ebenda, S. 147; auch S. 22 und S. 34f.

200 Ebenda, S. 35.

201 Ebenda, S. 145.

202 Vgl. umfassend ebenda, S. 183–196.

203 Ebenda, S. 197f.

204 Ebenda, S. 154–163 und S. 202–205.

205 Vgl. Die Bundesbeauftragte für die Unterlagen des Staatssicherheitsdienstes der ehemaligen Deutschen Demokratischen Republik, http://www.bstu.bund.de/cln_042/nn_713532/DE/MfS-DDR-Geschichte/Einzelthemen/Zivilcourage/Neubrandenburg/neubrandenburg__1989__lehrling/lehrling__tabelle.html__nnn=true.

206 Werner Queißer, Jugendstreiche oder Rowdytum?, Berlin 1983.

207 Werner Queißer/Monika Peschke, Justitia und das Leben zu zweit, Berlin 1978; sowie Werner Queißer/Werner Eberdt, Rendezvous mit Justitia, Berlin 1972. Beide erlebten ebenfalls jeweils zwei Auflagen.

208 Queißer, Jugendstreiche, S. 8.

209 Vgl. ebenda, S. 6, S. 28f., S. 110.

210 Ebenda, S. 32; zum Alkohol vgl. v.a. S. 110–118.

211 Vgl. ebenda, hier S. 34–46.

212 Vgl. ebenda, S. 97–103.

213 Vgl. ebenda, S. 137f.

214 Vgl. ebenda, S. 99f. und S. 108.

215 Vgl. ebenda, S. 145–174, Zitat S. 147.

216 Information über die politisch-operative Wertung der kirchlichen Großveranstaltung »Jugend 86« in Rudolstadt – Leiter, Stasi-Bezirksverwaltung Gera, 10. 7. 1986, zit. nach Jenseits der Staatsjugend. Warum und wie sich die Staatssicherheit für Jugendliche in der DDR interessierte. Dokumente 1969–1989, Freistaat Thüringen (Landeszentrale für politische Bildung), www.thueringen.de/imperia/md/content/lzt/stasidokumente_ddrjugend.pdf.

217 *die tageszeitung*, Nr. 3108 vom 16. 5. 1990, S. 28. Dazu umfassend Annette Leo, Umgestoßen. Provokation auf dem Jüdischen Friedhof in Berlin Prenzlauer Berg 1988, Berlin 2005.

218 *die tageszeitung*, Nr. 3108 vom 16. 5. 1990.

219 Vgl. Kebbedies, Außer Kontrolle, S. 228 f.

220 Zahlen aus: Curt Bondy/Klaus Eyferth, Bindungslose Jugend. Eine sozialpädagogische Studie über Arbeits- und Heimatlosigkeit, München/Düsseldorf 1952, S. 9.

221 Aus der mittlerweile entstehenden Betroffenenliteratur vgl. etwa Peter Wensierski, Schläge im Namen des Herrn. Die verdrängte Geschichte der Heimkinder in der Bundesrepublik, München 2006. Umfassend mit vielfältigen Quellentexten online: Martin Mitchell, http://www.heimkinder-ueberlebende.org; die historische Aufarbeitung steht noch völlig aus.

222 Vgl. Bondy/Eyferth, Bindungslose Jugend.

223 Vgl. Hafeneger, Jugend-Gewalt, S. 147–150.

224 Vgl. Grotum, Halbstarke; Kurme, Halbstarke; sowie Hafeneger, Jugend-Gewalt, S. 112–126. Vgl. auch Thomas Grotum, Polizei und Halbstarkenkrawalle in Niedersachsen 1956–1959, in: Gerhard Fürmetz/Herbert Reinke/Klaus Weinhauer (Hg.), Nachkriegspolizei. Sicherheit in Ost- und Westdeutschland 1945–1969, 2001, S. 277–302.

225 Vgl. Kebbedies, Außer Kontrolle, S. 155–162; sowie insb. Imanuel Baumann, Interpretation und Sanktionierung von Jugendkriminalität, in: Ulrich Herbert (Hg.), Wandlungsprozesse in Westdeutschland. Belastung, Integration, Liberalisierung 1945–1980, Göttingen 2002, S. 348–378; und Julia Ubbelohde, Der Umgang mit jugendlichen Normverstößen, in: ebenda, S. 402–435.

226 Vgl. Grotum, Halbstarke, S. 77–144, S. 180 ff.; sowie ders., Polizei, hier S. 277 und S. 297 f.

227 Jan Braden, Der sogenannte Halbstarke in Schrifttum und Presse, Dipl.-Arb., Universität Hamburg 1957. (Der Autor war bereits zwei Jahre zuvor über die amerikanische Jugendstrafrechtspflege in Jura promoviert

worden.) Vgl. auch Grotum, Halbstarke, S. 145–171; sowie Kaspar Maase, Vergebliche Kriminalisierung. Zum Platz der Halbstarken in der Geschichte des Alltags, in: *Kriminologisches Journal* (1991), H. 23, S. 189–203.

228 Vgl. Curt Bondy/Jan Braden/Rudolf Cohen/Klaus Eyferth (Hg.), Jugendliche stören die Ordnung. Bericht und Stellungnahme zu den Halbstarkenkrawallen, München 1957.

229 Bondy/Eyferth, Bindungslose Jugend, hier S. 60. Zu Bondy vgl. auch Kurme, Halbstarke, S. 184f.

230 Hans Heinrich Muchow, Zur Psychologie und Pädagogik der »Halbstarken«, 3 Teile, in: *Unsere Jugend* (1956) H. 9–11.

231 Hans-Heinrich Muchow, Sexualreife und Sozialstruktur der Jugend, Reinbek 1968, S. 143.

232 Vgl. dazu Grotum, Halbstarke, S. 161–171.

233 Vgl. Muchow, Sexualreife, S. 144.

234 Vgl. dazu Hafeneger, Jugend-Gewalt, S. 102–109.

235 Kaiser, Randalierende Jugend, S. 24–27. Er führt eine Vielzahl von Fällen mit Auszügen aus Polizeiprotokollen und Zeitungen an (S. 28–49, S. 55–72, S. 93–96).

236 Ebenda, S. 195f.

237 Vgl. dazu Grotum, Halbstarke, S. 185, unter Berufung auf eine Studie des Instituts für Demoskopie Allensbach (E. Noelle-Neumann).

238 Der Weltkriegsveteran wurde als »Nationalbolschewist« von den Nazis ins Exil getrieben und kehrte 1951/52 auf einen Lehrstuhl nach Bonn zurück. Zur Biographie vgl. David von Mayenburg, Kriminologie und Strafrecht zwischen Kaiserreich und Nationalsozialismus: Hans von Hentig (1887–1974), Baden-Baden 2006; sowie http://www.kriminologie.uni-hamburg.de/wiki/index.php/Hans_von_Hentig. Zu seinen Werken zählen u.a. Die Kriminalität der lesbischen Frau

(1959, 2. Aufl. 1965); Die Kriminalität des homophilen Mannes (1960, 2. Aufl. 1966). Er erhielt das große Bundesverdienstkreuz.

239 Weshalb z.B. auch »Bandennotzucht« nach »Rudelbildung« zu seinen Interessengebieten zählte, vgl. Hentig, Vandalismus, (Vaterbild) S. 22–32, (Schund- und Schmutz) S. 33–45 und (Gruppenvergewaltigungen) S. 106–113. Zu Mitscherlichs Theorie vom Zerfall des väterlichen »Arbeitsbildes« seit der Jahrhundertwende vgl. Alexander Mitscherlich, Aktuelles zum Problem der Verwahrlosung, in: *Psyche* (1947/48) H. 1, S. 103–118.

240 Vgl. dazu auch Ubbelohde, Umgang, hier ab S. 425.

241 Hans Adolf Krebs, Zur Biologie der Jugendkriminalität, in: *Wirtschaftspolitische Chronik*, 28. Jg. (1979) H. 1, S. 27–39, hier S. 28. Er erhielt den Nobelpreis 1953. Zu den seit 1951 stattfindenden Tagungen vgl. http://www.lindau-nobel.de/.

242 Kurme, Halbstarke, S. 252.

243 Vgl. Krebs, Biologie, hier S. 35–38.

244 Vgl. den selbstkritischen Rückblick Schüler-Springorums in Martin Klingts *Zeit*-Serie zur Kriminalitätsdebatte: Zeigen, wo die Grenzen sind. Der beste Schutz ist immer noch ein geläuterter Täter. Doch moderne Kriminalpolitik sollte die Opfer in den Mittelpunkt stellen, *Die Zeit* vom 21. 3. 1997, Nr. 13, S. 3.

245 Z.B. emphatisch, aber kritisch Hans-Christoph Blumenberg, Filmtips: Wut im Bauch/Over the Edge, *Die Zeit* vom 11. 7. 1980, Nr. 29, S. 32.

246 Norbert Detaille, Delikte gegen Fernsprechhäuschen der Deutschen Bundespost unter besonderer Berücksichtigung der Phänomene des Vandalismus, Köln, Univ. Diss. 1983.

247 Frank Bauer u.a. (Hg.), Sachbeschädigung in Wohnhäusern, Stuttgart 1989.

248 Vgl. z. B. Friedrich Geerds, Sachbeschädigungen. Formen und Ursachen der Gewalt gegen Sachen aus der Sicht von Kriminologie und Kriminalistik, Heidelberg 1983, hier S. 46–54; Sabine Fischer, Sachbeschädigungen. Eine Studie zur Kriminologie und Kriminalistik von Sachbeschädigungen unter Berücksichtigung von geschichtlicher Entwicklung und geltender Regelung, Frankfurt am Main 1983.

249 Vgl. Detaille, Delikte, S. 34 ff., S. 51–54; sowie Edwin Kube/Leo Schuster, Vandalismus. Erkenntnisstand und Bekämpfungsansätze, Wiesbaden 1985 (BKA-Publikation), S. 6 f.; Fischer, Sachbeschädigungen, S. 135 ff.

250 Vgl. Fischer, Sachbeschädigungen, v. a. S. 110–165, bes. S. 451 f. Gleiches gilt auch für Geerds, Sachbeschädigungen.

251 Auch in der *tageszeitung* finden sich mindestens ab Mitte der 1980er Jahre regelmäßig Kurznachrichten sowie längere Artikel zu »Baumschlitzern« und anderen Pflanzenbeschädigungen, Berichte über Telefonzellen- und Schilderdemolierungen, Graffiti und »Autozerkratzer«. Eine umfassende und systematische Suche in der früheren überregionalen Tagespresse ist zzt. nicht realistisch. Einzig die *tageszeitung* wurde mit Ausnahme eines Teils der Hamburg-Ausgabe für einige Jahre vor 1990 mit Volltextsuchfunktion retrodigitalisiert (TAZ-Archiv-DVD 1986–2008).

252 Vgl. »Schockstrafe gefordert. Münchner Staatsanwaltschaft will Signal setzen. Zwölf Jahre Knast und acht Jahre Jugendstrafe gegen Strommastsäger sollen Jugendstreiche eindämmen«, *die tageszeitung*, Nr. 2465 vom 23. 3. 1988, S. 1.

253 Vgl. »Randale, Tendenz steigend«, *die tageszeitung*, Nr. 2634 vom 30. 9. 1988, S. 17.

254 *die tageszeitung*, Nr. 3024 vom 3. 2. 1990, S. 7.

255 Dazu Kube/Schuster, Vandalismus, hier S. 55–89. Al-

lerdings war der »architektonische Determinismus«, insbesondere verglichen mit familiären Problemen, schon damals äußerst umstritten: Vgl. Ruth Klockhaus/Anneliese Trapp-Michel, Vandalistisches Verhalten Jugendlicher, Göttingen u.a. 1983, S. 67ff., S. 76.

256 Z.B. Klockhaus/Trapp-Michel, Verhalten; Ruth Klockhaus/Brigitte Habermann-Morbey, Psychologie des Schulvandalismus, Göttingen u.a. 1986; Hans Hartmut Karg, Schulleiter-Aufgaben – Maßnahmen gegen Gewalt und Vandalismus in Schulbussen, in: *Schul-Management. Die Zeitschrift für Schulleitung und Schulpraxis* (1980), S. 36–41; Niedersachsen/Kultusminister (Hg.), Schule kaputt? Warum in Schulen vieles zerstört wird und was wir dagegen tun können, Braunschweig 1981.

257 Einen knappen Überblick gibt Inga Diop, Hat Jugendgewalt ein Geschlecht? Eine Analyse der Erscheinungsformen, Entstehungsbedingungen und Entwicklungstrends der Gewalt von Mädchen im gesellschaftlichen Kontext, Diss. Bremen 2007, http://nbn-resolving.de/urn:nbn:de:gbv:46-diss000109319, hier S. 113–117.

Zur Autorin

Maren Lorenz, Dr. habil., 1987 bis 1993 Studium der Geschichte, Politikwissenschaften und Psychologie an den Universitäten Heidelberg, Wien und Hamburg; 1998 Promotion am Historischen Institut der Universität des Saarlandes; 2006 Habilitation am Department Geschichtswissenschaft der Universität Hamburg; 1998 bis 2007 wissenschaftliche Mitarbeiterin der Hamburger Stiftung zur Förderung von Wissenschaft und Kultur; 2007/2008 Visiting Fellow am Deutschen Historischen Institut in Washington, D.C.; seit 2006 Privatdozentin am Department Geschichtswissenschaft der Universität Hamburg.

Wichtigste Publikationen: »Kriminelle Körper – Gestörte Gemüter. Die Normierung des Individuums in Gerichtsmedizin und Psychiatrie der Aufklärung«, Hamburg 1999; »Leibhaftige Vergangenheit. Einführung in die Körpergeschichte« (Historische Einführungen, Bd. 4), 2. Aufl., Tübingen 2005; »Das Rad der Gewalt. Militär und Zivilbevölkerung in Norddeutschland nach dem Dreißigjährigen Krieg (1650–1700)«, Köln 2007.